聪明人是怎样沟通的

叶舟 ◎ 著

CONGMINGREN SHI ZENYANG
GOUTONG DE

图书在版编目（CIP）数据

聪明人是怎样沟通的/叶舟著.--上海：立信会计出版社，2016.10
（去梯言）
ISBN 978-7-5429-5207-3

Ⅰ.①聪… Ⅱ.①叶… Ⅲ.①人际关系－通俗读物 Ⅳ.①C912.11-49

中国版本图书馆CIP数据核字(2016)第217839号

策划编辑　蔡伟莉
责任编辑　蔡伟莉　彭秋龙
封面设计　久品轩

聪明人是怎样沟通的
CONGMINGREN SHI ZENYANG GOUTONG DE

出版发行	立信会计出版社			
地　　址	上海市中山西路2230号	邮政编码	200235	
电　　话	（021）64411389	传　真	（021）64411325	
网　　址	www.lixinaph.com	电子邮箱	lxaph@sh163.net	
网上书店	www.shlx.net	电　话	（021）64411071	
经　　销	各地新华书店			
印　　刷	北京柯蓝博泰印务有限公司			
开　　本	720毫米×1000毫米	1/16		
印　　张	14	插　页	1	
字　　数	175千字			
版　　次	2016年10月第1版			
印　　次	2018年6月第7次			
书　　号	ISBN 978-7-5429-5207-3/C			
定　　价	36.00元			

如有印订差错，请与本社联系调换

前 言

沟通是人与人之间、人与群体之间思想与感情的传递和反馈的过程。沟通的要素包括沟通的内容、沟通的方法和沟通的动作。就其影响力来说，沟通的动作占55%，影响最大；沟通的内容占7%，影响最小；沟通的方法则占38%，居于两者之间。可见，沟通的动作和方法在沟通过程中起着举足轻重的作用，这两项直接影响着沟通的效果。

国际肢体语言专家阿尔伯特·麦拉宾经研究得出这样的结论：人在彼此交流中，一条信息产生的全部影响力有7%来自语言（仅指文字），38%来自声音（包括语气、音调等），而55%来自身体语言。

沟通不仅是一门学科，也是一门艺术。在今天，沟通更是人与人之间交往的桥梁，而且日益发挥强大的作用。有时，我们在与人沟通时，即使不说话，也可以凭借对方的身体语言来探索他内心的秘密，对方也同样可以通过身体语言来了解我们的真实想法。

人类的动作、表情是本能的，每个人平时说话都会不知不觉地做出某些表情动作。人们说话时变化的目光、或喜或怒的神态、举手投足的动作，经常与所表达的内容密切相关，同时也反映出说话人的修养。事实上，你同另一个人见面，虽然尚未正式开口说话，但交际活动已经开始，双方的眼神、表情、动作都在传递着信息。

人生在世，每个人都希望自己获得和谐、融洽、真诚的家庭关系、朋友关系、同事关系以及上下级关系，都希望在这个社会上能有立足之地并有所建树。每个企业也都希望塑造良好的企业形象，做大做强，屹立于企业之林。其实，要想达成这些愿景并不难。它们都有一个共同的要素支撑，那就是沟通。

沟通是解决一切问题的基础。可以这样说，没有沟通，就没有成功。沟通不是万能的，但没有沟通是万万不能的。当然，许多问题都是通过沟通解决的，也有许多问题是因沟通不当或缺少沟通而引起的。因此，如何进行有效的沟通，是聪明人行于世间必备的本领。我们只有进行良好的沟通，办起事来才会畅行无阻。

《聪明人是怎样沟通的》告诉你：要想与这个世界温暖相拥，你首先要学会沟通。聪明的人都善于运用有效的沟通方式、善于规避沟通中的禁忌，以应对变幻莫测的世界。

你是否也想干一番事业却苦无资金、背景、技术？没关系，只要你掌握沟通术，就能更容易找到解决的方法；你是否觉得自己毫无自信，说话呆板？没关系，只要你掌握沟通技巧，你就能充分运用肢体、表情等，打动身边的人；当你面对不好说话的人，是否会因不知从何下手而苦恼？没关系，只要你学会"见机行事"，掌控对方的心理，你的沟通就会取得效果。

聪明的员工，知道如何与领导有效地进行沟通，从而受到领导的器重；聪明的领导懂得如何与下属有效地进行沟通，从而让下属心甘情愿地跟随；聪明的销售员知道如何沟通才能抓住客户的心，既收获友谊又令业绩攀升……

这一切，他们是怎样做到的呢？在本书中，你将找到技巧和答案。无论是聪明人沟通必须掌握的"金字塔原理"、聪明人沟通的九个技巧和六个习惯，还是聪明人沟通时必备的身体语言，都是你需要学习的沟通实践课。

本书以严谨的态度、朴实的语言带你领略聪明人的沟通方式。书中萃取了聪明人沟通艺术的精华，指导你了解沟通的策略并应用于实践。你不仅能学会享受沟通的乐趣，更能在沟通的过程中体验其重要影响力。

目 录

Chapter 01 沟通不好是因为智慧不够 / 001

有效沟通的三个标准 / 001

分清事实和推论 / 003

共识、分歧和误会 / 004

沟通与聊天的区别 / 006

Chapter 02 金字塔原理：聪明人的沟通工具 / 008

归类分组，将思想组织成金字塔 / 008

自下而上思考，概括总结 / 010

自上而下表达，结论先行 / 012

用"金字塔原理"沟通的好处 / 013

用"金字塔原理"沟通的注意事项 / 015

Chapter 03 聪明人的六个沟通习惯 / 017

同理心：学会说"如果我是你" / 017

不争论：要有欢迎分歧的态度 / 019

不抬杠：和人作对是自作聪明 / 023

不生气：心平气和地面对指责 / 024

不冒犯：忌讳的话要避免去说 / 028

说"不"：别让不好意思害了你 / 030

Chapter 04　聪明人的九个沟通技巧 / 035

精准表达的技巧 / 035

有效倾听的技巧 / 039

提问的技巧 / 042

赞美的技巧 / 049

幽默的技巧 / 055

控制情绪的技巧 / 057

编造善意的谎言 / 059

运用三明治法则 / 063

运用雷鲍夫法则 / 064

Chapter 05　聪明人的身体语言心理学 / 068

肢体语言在沟通中的重要作用 / 068

眼神交流：透露你内心情感的信息 / 070

脸色：读懂人的内心活动 / 073

手势：沟通的第二唇舌 / 075

姿态：使你的语言更动听 / 079

小动作：看透内心世界的镜子 / 082

Chapter 06　聪明人是如何演讲的 / 085

慷慨激昂，让听众不再昏昏欲睡 / 085

语惊四座，观点出新 / 088

调动情感，赚取听众的眼泪 / 092

巧设悬念，激起听众的好奇心 / 095

故意停顿，让演讲更具吸引力 / 098

巧妙解围，听众冷场自有方 / 100

只需三点，像乔布斯一样演讲 / 102

Chapter 07 聪明人是如何开会的 / 105

会议前的准备工作 / 105

会议的介绍技巧 / 110

会议的主持技巧 / 111

会议进行中的技巧 / 113

会议结束时的技巧 / 115

一次创意激发讨论会 / 115

松下幸之助与热海会议 / 121

Chapter 08 聪明人是如何谈判的 / 130

双赢式谈判策略 / 131

以紧逼取胜谈判策略 / 134

谈判攻势策略 / 136

谈判防御策略 / 141

报价的隐秘技巧 / 144

竞争激烈中的谈判 / 146

巧用"我不知道" / 147

不断沟通，创造价值 / 149

Chapter 09 聪明人是如何销售的 / 151

怎样沟通，客户才会买 / 151

销售的语言技巧 / 154

改变用词，沟通效果大不同 / 159

约见客户时，设计好开场白 / 167

在销售中，善于提问好处多 / 171

销售中的说话禁忌 / 177

销售中的赞美 / 180

Chapter 10 聪明人是如何汇报的 / 184

不懂汇报，你还敢拼职场 / 184

请示工作，主动而不越权 / 187

主动接近领导，替领导分忧解难 / 189

坦诚接受批评，服从领导安排 / 192

尊重和维护，做受领导欢迎的人 / 194

Chapter 11 用聪明的方式沟通变化的世界 / 197

礼尚往来：送礼送心意，沟通有创意 / 197

情有深浅：与朋友沟通的聪明方式 / 200

爱如初见：让婚姻幸福的沟通秘诀 / 202

亲子沟通：培养了不起的孩子 / 205

异性沟通：勇敢大胆有讲究 / 209

面对名人：用好沟通三要素 / 213

Chapter 01
沟通不好是因为智慧不够

有效沟通的三个标准

在现实生活中，父母唠叨子女的新观念，子女抱怨父母太固执、太保守；男人抱怨女人爱虚荣，女人指责男人太花心；老板责怪员工不忠诚，员工怪老板没人性；主管哀叹部属太难管，部属在背后议论主管太无能……凡此种种，不一而足。为何你总是感慨别人没有理解你，而别人又抱怨得不到你的理解呢？究其原因，人们会不约而同地回答："缺乏沟通！"

沟通是人们经常使用的一个词语。但究竟什么是沟通，却是众说纷纭。据统计，一般人认为的"沟通的定义"竟有100多种。

《大英百科全书》认为，沟通就是"用任何方法，彼此交换信息，即指一个人与另一个人之间用视觉、符号、电话、电报、收音机、电视或其他工具为媒介，所从事之交换消息的方法"。

《韦氏大辞典》认为，沟通就是"文字、文句或消息之交通，思想或意见之交换"。

拉氏韦尔认为，沟通就是"什么人说什么，由什么路线传至什么人，达到什么结果"。

在英文中，"沟通"（communication）这个词既可以译作沟通，也可以译作交流、交际、交往、通信、交通、传达、传播等。这些词在中文中的使用尽管会有些许差异，但它们本质上都涉及了信息交流或交换，其基本含义是"与他人分享共同的信息"。

具体来讲，有效的沟通有三个标准：

首先，沟通是指意义的传递。如果信息和想法没有被传递，则意味着沟通没有发生。也就是说，说话者没有听众或创作者没有读者都不能构成沟通。

其次，要使沟通成功，意义不仅需要被传递，还需要被理解。如果你送给暗恋对象一份特别的礼物，而其中表达的爱慕之意没有被她理解，那你和她之间的沟通就是失败的。这就如同你用西班牙文给她写了句"我爱你"的纸条，而她对西班牙语一窍不通，以为你是在乱涂乱画，因此丢弃一旁。

最后，成功的沟通意味着经过传递后被接受者感知到的信息与发送者发出的信息完全一致。一个观念或一项信息并不能像有形物品一样由发送者传送给接受者。在沟通过程中，所有传递于沟通者之间的，只是一些符号，而不是信息本身。语言、身体动作、表情等都是一种符号。传送者首先把要传送的信息"翻译"成符号，而接受者则进行相反的"翻译过程"。由于每个人"信息—符号储存系统"各不相同，对同一符号（例如身体语言）常存在着不同的理解。

例如，用拇指和食指捏成一个圈向别人伸出时，在美国这代表"OK"；在日本，表示钱；在阿拉伯人当中这种动作常常伴随以咬紧牙关，表示深恶痛绝。

一些人认为自己的词汇、动作等符号能被对方还原成自己想要表达的信息，但这往往是不正确的，而且导致了不少沟通问题。

分清事实和推论

沟通的信息是包罗万象的。在沟通中，我们不仅传递消息，而且还表达赞赏、不快之情，或提出自己的意见和观点。

因此，沟通信息可分为：事实；情感；价值观；意见和观点。

"小王常常在会上发言"，这是一个事实。

"我反感常常在会上发言的人"，这表达了一种情感。

"常常在会上发言是爱出风头的表现"，这反映了一种价值观。

"要批评爱出风头的人"，这提出了一个意见和观点。

沟通信息还可以分为：基于事实的信息和基于推论的信息。情感信息、价值观信息和意见观点信息都属于基于推论的信息。

对同一个事实，人们"推论"出的情感、价值观和观点有可能千差万别，比如：

"小王常常在会上发言，爱出风头！"

"小王常常在会上发言，积极关心集体事务。"

这两句信息，是对同一个事实作出了相反的价值评判。

"我很高兴小王常常在会上发言。"

"我很反感小王常常在会上发言。"

这两句信息，说的是同一事实，但表达的情感是不一样的。

人们在表达情感的时候，常常通过表情、语气、动作等非语言方式进行。例如，用生气的语气或赞赏的语气说"小王常常在会上发言"，其爱憎的情感一目了然。

聪明的沟通者要谨慎地区分基于事实的信息和基于推论的信息。前者让你理解"正在发生什么事"，后者让你理解"对方怎么看待这件事"。

有时候，基于事实的信息和基于推论的信息，是不太容易区分的。例如："小王常常在会上发言，让别人没有发言的机会。"这句话里，"让别人没有发言的机会"有可能是事实，也有可能不是。到底是不是，需要调查才能断定。

在沟通的时候，如果你不加区分地把对方的"事实"和"推论"全部当成事实来接受，就会被误导，做出错误的决定。

有时候，对方以为他讲了事实，但实际上他只讲了推论。例如对方说："小王就是爱出风头！"这就是在把"推论"当成事实来和你沟通。

如果你想了解事实的话，应该反问"你为什么认为小王爱出风头？"引导对方把事实讲出来。

如果你不想了解事实，那你应该在心里记住：对方认为小王是个爱出风头的人。这才是你了解到的唯一事实。

共识、分歧和误会

基于事实的信息让你理解"正在发生什么事"，基于推论的信息让你理解"对方怎么看待这件事"。

接下来，你会有什么反应呢？我们把情况分为三种：

其一，我理解发生了什么事，也理解你怎么看待这件事，对此我皆认同。这种状态叫达成共识。

其二，我理解发生了什么事，也理解你怎么看待这件事，但是我反对你对事实的理解，或者反对你的情感、价值观或意见。这种状态叫发现分歧。分歧又分为三种：事实分歧、推论分歧和逻辑分歧。例如，小王常常在会上发言，爱出风头。

事实分歧：我并不认为小王常常在会上发言。

推论分歧：小王常常在会上发言，这不是爱出风头，而是关心集体的积极行为。

逻辑分歧：小王常常在会上发言与爱出风头，这之间有什么必然的逻辑关系呢？我对此表示怀疑和反对。

其三，我没有理解你说了什么事或者持有什么推论，但我就是支持你或者反对你。这种状态称为误会。

有效沟通所要达到的目的是：找到共识、发现分歧、消除误会。

人们通常都喜欢共识，讨厌误会和分歧。实际上，发现分歧也是有效沟通的一种成果。

有的沟通者分不清误会、共识和分歧的区别，他们为了支持而支持、为了反对而反对，其立场不是建立在理解的基础之上，离有效沟通也越来越远。

积极的沟通者总是善于发现共识。如果双方处处存在分歧，那么"没有共识"是否可以成为我们这次沟通的共识呢？

消极的沟通者只看到分歧而看不到共识。殊不知沟通的一条黄金法则就是：分歧将会制造更多的分歧，共识将会制造更多的共识。

在销售话术中有一个金句"正像您所说……"例如，当顾客嫌商品价格昂贵时，销售人员说："正像您所说，这件商品价格不菲，因为它的用料都是极其讲究的。"当顾客抱怨产品的样式不合心意的时候，销售人员说："正像您所说，这一产品的样式并不能让每个顾客都喜欢。不过我们可以为您订制您想要的样式。"当顾客担心订制需要额外花钱还要等待的时候，销售人员可以说："正像您所说，订制需要额外付费，但您要是不急用的话还是值得的。"这一销售金句就充分应用了沟通的这一黄金法则，每一句介绍都从与顾客的共识开始，大大增加了成交的机会。

设想一下，如果销售人员在处理顾客的异议时，常说"事情不像您想的那样"，那又会怎么样呢？我想顾客一定会被气跑吧！

沟通与聊天的区别

沟通与聊天的区别在于：沟通带有某种目的，而聊天未必。

比如，夫妻之间吵架，想要达到和解的目的，有必要沟通；销售人员要将东西卖给顾客，要达到这个目的，就要千方百计地寻找与顾客沟通的方法；老师要达到教导学生的目的，就要与学生做好沟通的工作；领导要传达给下属某个旨意，要与下属沟通；同样，下属要找领导汇报情况或请示工作，也会与领导进行沟通。

如果沟通没有目的，也就称不上真正意义上的沟通。有的人凡事都喜欢插嘴，而且一插上嘴就没完没了，并认为自己能说会道、善于沟通，这其实是对沟通的误解。在送别老领导的晚宴上，有个"能说会道"的人大谈财经局势，完全忘记了这个宴会是为了送别，是为了与老领导沟通感情，是为了表达感谢和祝福……这样的能说会道，只能让人反感。

带着目的去沟通，也会出现偏离目的的现象。

根据行为心理学的创始人约翰·沃森建立的"刺激—反应"原理，人的行为是受到刺激后的反应。由于沟通需要双方的互动和交流，因而对方的反馈和言行会形成一个"刺激"。沟通高手无论受到什么刺激，其反应都会围绕沟通的目的来进行，而普通人却会让自己的反应脱离沟通的目的。

例如销售人员与顾客沟通的目的是为了达成交易。在沟通过程中，无论顾客说什么，销售人员都不应忘记这一目的。如果顾客嫌你卖的东西没档次，而你受到这一"刺激"后的反应是反驳顾客没眼光，那就脱离沟通目的了。这时销售人员的聪明反应是换个角度介绍产品的其他优点。

并非所有的聊天都没有目的。有目的的聊天，也是一种沟通形式，叫做非正式沟通，这是很多沟通高手常用的策略。日本东芝公司的总经理土光敏夫，人称"提着酒瓶子的大老板"。他刚接手东芝公司时，公司连年亏损，很不景气。上任伊始，他不顾年迈，第一件事就是遍访设在日本各地的30多家下属企业。每到一处，土光敏夫不是先听厂长、经理汇报，而是找一些老工人去酒馆喝酒、聊天。他通过这种策略，发现了企业一线的问题并想到了解决问题的方法。

聊天看上去随意自在，但有了目的以后，就要围绕此目标来进行。比如大家聚在一起聊天、说笑话，是为了达到交友、获得快乐的目的。为了这一目的，聪明的沟通者就不会冷落在场的任何一个人。每一个人都有着他自己的发表欲，如果你只想自己讲，让大家都听你的，就会失去与众人交谈的乐趣。别人没有精神听下去，只好不欢而散了。

Chapter 02

金字塔原理：聪明人的沟通工具

"想清楚，说明白，知道说什么、怎么说"，这是每个人都希望达到的沟通境界。但是当我们在演讲、写作、汇报的时候，却常常感觉不知从何说起，或者让对方感到混乱。

如何在沟通中做到"逻辑清晰、条理分明"呢？美国麦肯锡的咨询顾问芭芭拉·明托写了一本叫《金字塔原理》的书，介绍了一种解决这一问题的有效方法。之后，作者离开了麦肯锡，开始向各行各业的人培训这一方法，受到广泛的欢迎和好评。当前，金字塔原理已经成为一种非常重要的沟通工具，被誉为"麦肯锡40年经典培训课程"。

归类分组，将思想组织成金字塔

心理学家发现人的短期记忆无法一次性容纳7个以上的记忆项目，超出后，人的大脑会面临信息超载。有的人勉强可以记住9个，有的人却只能记住5个，而能记住3个的情况更好，能记住1个的情况最佳。这一现象被称为"奇妙的数字7"。

在生活和工作中，我们常常不得不处理多个信息，它们都超过"奇妙的数字7"。

例如你打电话让老公回家顺路去超市采购以下东西：鸡蛋、盐、土豆、牛奶、婴儿纸尿裤、痱子粉、苹果、芹菜、葡萄、辣酱、酸奶。

最后的结果很可能是：你发现还有东西忘记让老公买了，或者老公回家后发现少买了某些东西。

以上这些信息，可以归类分组后，组织成一个金字塔结构。

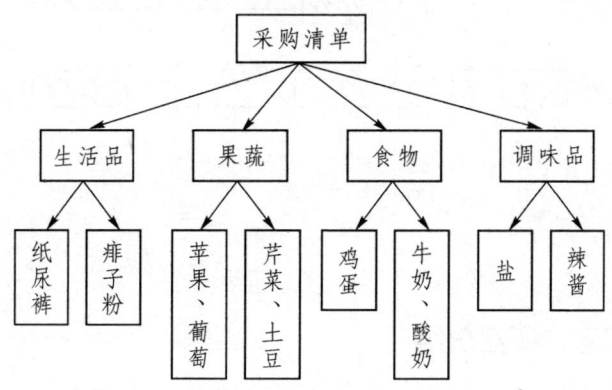

由于你通过一定的逻辑关系，将信息归类后形成了一个金字塔结构，因此每一层的信息数量都大为下降了。

再举一个例子。

你在办公室，忽然你的下属冲进来，对你说："老板，我最近在留意原材料的价格，发现钢材涨价了，包装纸也要涨价……刚才物流公司也打电话来说要提价，我又比较了其他几家的价格，但还是没有办法说服他不涨价……还有，我们的竞争品牌最近也涨价了，我看到……对了，广告费最近花销也比较多，如果……可能……"

你听完是不是一头雾水？听了半天你还不知道他究竟要说什么，或者要求你提供什么帮助，或者希望解决什么问题。

如果他这样说，"老板，我认为我们的产品应该涨价 20%，而且要超过竞争品牌，因为：第一，原材料最近涨了 30%，物流成本也上涨了；第二，竞争品牌全部都调价 10%~20%，我们应该跟进；第三，广告费超标，我们还应该拉出空间，可以做广告……老板，你觉得这个建议是否可行？"

这样是不是更清楚？这就是在使用"金字塔结构"。

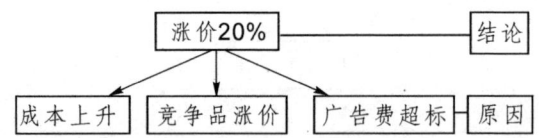

自下而上思考，概括总结

当你要表达你的想法时，你是否面临过一言难尽或不知从何说起的困境？

比如，在你面试的时候，面试官要求你介绍一下自己；当你负责的区域销售额下滑的时候，你的主管要求你解释原因。在类似的情况下，你该怎样做到思路清晰地表达你的想法呢？

以面试为例，你可以先把你的特点罗列出来。

（1）受过高等教育，毕业于某名牌大学；

（2）在校成绩优秀；

（3）有与面试工作相关的资格证书；

（4）没有与求职岗位相关的工作经验；

（5）善于学习新知识；

（6）有当过学生干部的经历；

（7）热爱类似岗位的工作；

（8）精力充沛；

（9）热情开朗；

（10）相信勤能补拙。

通过分析以上特点之间的逻辑关系，不断地进行抽象和概括，你会发现，你有很多优点，但是只有一项缺点是面试官清楚的，而你的某些优点恰好能弥补你的缺点……

最后，你可能会得出以下的金字塔结构。

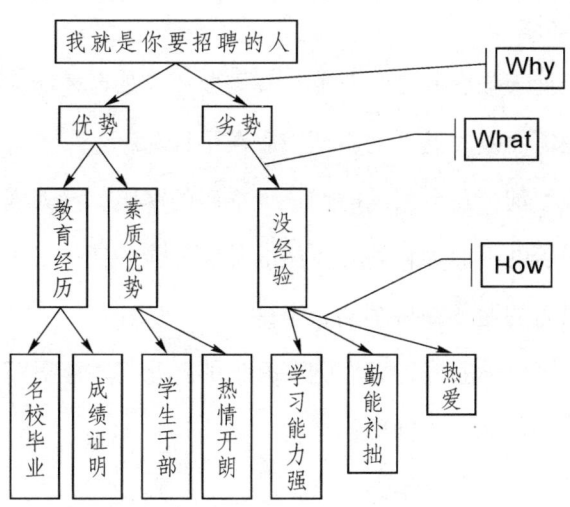

如果你在面试之前，对自己做过这样的思考，就不会感到不知从何说起了。此外，当你逻辑清晰、条理分明地做完陈述后，也许马上就能让面

试官眼前一亮。

芭芭拉·明托归纳了自下而上思考的三个要点：

（1）列出你想表达的所有思想要点；

（2）找出各要点之间的逻辑关系；

（3）得出结论。

自上而下表达，结论先行

在表达之前，你的思路是自下而上组织起来的，但在表达的时候，你却需要自上而下进行，这是一个重要的顺序。如果你自下而上地表达，有两个风险：第一是容易被打断；第二是对方无法理解你的意图。

例如，你陈述：

（1）要处理天猫店的日常业务，我需要每天加班才能完成；

（2）一些需要及时处理的事情被耽误了；

（3）在我参加公司会议的时候，天猫店的客服就没人做了；

（4）天猫店的页面美化需要专门的美编才能胜任；

（5）天猫店的业务在持续增长中；

（6）只有客户体验好，客户购买行为的转化率才能提高；

（7）我需要增加一个助理；

（8）我的助理需要懂平面设计；

（9）我的助理需要了解天猫店的业务；

……

你的主管在听你陈述的过程中，你每陈述一条，都会刺激他的大脑作出一个反应。例如听完第一条，他会想"你是不是想要更多的加班费"；听完第二条，会想"被耽误的事情造成了多大的损失"。他可能会因为这些想法而立即打断你的陈述，或者先入为主地猜测你的想法，这都会影响到主管对你真实、完整意图的理解。

要让别人尽快理解你的想法，要先建立金字塔结构，然后按照自上而下的顺序表达。

首先你说："我需要增加一个助理。"

然后分析原因，一方面是因为工作量快速膨胀：要处理天猫店的日常业务，我需要每天加班才能完成；一些需要及时处理的事情被耽误了；在我参加公司会议的时候，天猫店的客服就没人做了；天猫店的业务在持续增长中。另一方面是因为：只有客户体验好，客户购买行为的转化率才能提高；公司天猫店的页面美化需要专门的美编才能胜任。

接着分析增加一个助理的好处：可以兼做客服；可以优化网页；可以改善客户体验；可以节约加班费；问题得到及时解决。

最后提出助理的任职资格：了解天猫店业务；懂平面设计。

用"金字塔原理"沟通的好处

"自下而上思考，自上而下表达"，金字塔原理的精髓就在这些字当中。在沟通中运用金字塔原理的直接好处是，让人能够迅速明白你的想法。

在上面这个例子中，也许主管听你讲了一分钟，就对你说："我完全支持你的要求，天猫店很重要，尽快去招聘一个称职的助理吧！"

在沟通中有一个"电梯原则"，出自《麦肯锡观点》。

假设你是某个咨询公司的经理，为了一个重要的项目你们团队工作了 3 个月，准备了厚达 300 页的报告，包括 7 个建议 36 个改进措施以及 8 套详细的实施方案。

为了证明这些结论，你们还准备了数据分析和调研报告的附录，当然还有很多的原始资料。客户对提案也非常重视，安排了公司所有高管出席，并请到了 CEO 以及董事会的主要成员。

你们当然更加兴奋，同时还将报告彩色打印出来，并刻录了光盘以便分发给与会者。提案的前天晚上你们团队都再次检查了所有文字，然后提早睡觉以便保证精力。提案当天你们神采奕奕，准时到达客户会议室，做好一切准备工作。

CEO 和高管们也已经落座，他们将目光投向你，期待着你精彩的报告。你也清清嗓子，开口说："女士们，先生们，尊敬的 CEO，今天我们……"

突然董事会秘书匆匆走进办公室，对 CEO 耳语几句，他对你点头表示歉意后离开会议室，5 分钟后他们回来，说："非常抱歉，今天的报告不得不终止，因为我们有件非常紧急的事情，我们必须马上飞去纽约。"

在你们无奈的眼神中，他们匆忙离开。然而就在 CEO 冲进电梯的那一刻，"等等"，他挡住电梯门，对你招手，"能否利用我到停车场的时间，说说你们报告的主要内容？"就这十几秒钟，你必须说出报告的主要观点，还要争取他的认可和支持。你感觉血一下子冲上脑门，然而，没有第二次机会了，你马上冲进电梯，门一关上，你就转过身对着这一群人说："我们认为……"

这就叫做"电梯原则"。

你能够用一句话概括你的年度营销报告吗？你能够用一段话说明你品牌的定位以及发展方向吗？你能够在三分钟内说明当前销量下滑的主要原

因，并提出三个解决方案，然后让老板做出决定吗……这都是"电梯原则"——简单清楚地说明你的观点。如果三句话说不清楚，那么你一下午也说不清楚。

要实现电梯原则，可以运用金字塔结构，它不仅很有效，也很简单。自上而下地表达，先从结论说起，再说中心思想，然后再向前推演。如此，可以用最短的时间让他人理解你。

用"金字塔原理"沟通的注意事项

运用金字塔原理的另一个好处，是能够让你掌握沟通的控制权。

当很多信息和思想呈现在对方面前时，对方为了便于记忆，会自行归纳分组和总结概括，并得出自己的结论。而运用自上而下地表达，你提出结论和中心思想后，对方会把注意力转移到你的逻辑推理和分析上，并通过你最后逐一呈现的思想信息来验证你的结论的正当性，比较容易理解和认同你的结论。

换句话说，自上而下表达的好处，是自己事先进行"自下而上思考"，但却不让对方有机会"自下而上思考"。因此，当对方向你施展金字塔原理时，你在理解对方的中心思想后，如果想要找出反驳的依据，或者想要保持独立思考，那么你应该罗列对方最后呈现的所有思想和信息，然后进行"自下而上思考"。

另外，在生活和工作中，并不是所有的事情，都适合"自上而下表达"。

比如你认为老板的某个方案行不通，你想反对，你通常这样说："此方案的A处稍作修改，能减少20%的间接成本。"然后你观察领导的反应，如果领导没有反对，那你可以接着说，"此方案的 B 处反对的人较多……还有 C 处……还有 D 处……"其实你心里的结论是"此方案应推翻重来"。待你把要修改的地方依次讲完后，再征求领导的意见，最终让领导自己去思考并形成结论：这方案要推翻重来。

这的确是需要注意的地方，并不是所有的场合所有的事情，都适合用"金字塔原理"进行沟通。

Chapter 03
聪明人的六个沟通习惯

同理心：学会说"如果我是你"

　　幼儿园的老师为什么都蹲下来和孩子说话？

　　当你蹲下来和孩子说话，你才能在孩子的高度感受到他所看到的世界；当你蹲下来和孩子说话，你才能感受到孩子在大人脚下感受到的压迫感。

　　这就是沟通的同理心法则。

　　一个寒冷的冬天，一个衣衫褴褛双目失明的老人，忍受着刺骨的寒风，可怜地跪在一条繁华的街道上行乞。他脏兮兮的脖子上挂着一块木牌，上面写着"自幼失明"。一天，一位诗人走到老人身边，老人便伸手向诗人乞讨。诗人摸了摸干瘪的口袋，无奈地说："我也很穷，但是我可以送你一样别的东西。"说完，他从兜里掏出笔，在木牌上写了几个字，起身告别了老人。

　　自那以后，老人得到了很多人的同情和施舍，他对此大惑不解。不久，诗人与老人邂逅。老人问诗人："你那天在我的木牌上写了什么东西呀？"诗人笑了笑，捧着老人脖子上的木牌念道："春天就要来了，可我不能见到它。"诗人一抬头,看见老人的眼眶里含着晶莹的泪花。

诗人用一句传神的话,表达了老人悲苦的心境,而且能迅速让行人进入到这一心境中去体会老人的感受,因此愿意给予老人施舍援助。相比之下,"自幼失明"几乎不能激起行人的同情心。

同理心法则就是站在对方的角度去思考、体会、感受,而不是站在自己的角度去沟通。

还在学校读书时,小林曾在美国的一家快餐店打工。刚上班不久,他对工作的程序还不熟悉,错把一小包糖当作奶精给了一个女客人。

因为他一个小小的疏忽,使得这位女客人非常生气。也许是因为她正在减肥,或是刚失恋,她当着所有客人的面大声对小林咆哮,简直把那包糖当成毒药,她生气地说:"你为什么给我糖?难道嫌我还不够胖?"

那时的小林初来乍到,完全不懂减肥对美国人来说是一件多么沉重的事,呆呆愣在那里,不知所措。

快餐店的女经理闻声而来,冷静地面对这一切,在小林耳边轻轻地说:"如果我是你,我会马上道歉,并且把她要的东西快点给她。"

小林照经理的吩咐做,致上最诚挚的歉意。那位客人有了台阶下,数落了几声就放过他了。

闯下这个大祸,小林忐忑不安地等着经理出来批评他。没想到经理只是过来对他说:"如果我是你,我会在下班后把这些东西认认真真熟悉一下,以后就不会再拿错了。"

不知道为什么,这一句"如果我是你"竟然使小林非常感动,好像听到的是一位朋友的建议,而不是上司的命令,他有一种受到"尊重"的感觉。

后来,可能他比较幸运,无论他在学校上课,或在其他地方打工,不管是老师也好,老板也好,他们明明是提出不同意见,明明是在批评哪里做得不好，但他们很少会直接责问，他们不会说"你怎么能这么做？""你以后不能再这么做！"而是用委婉的口气说"如果我是你，我大概会……"

这种沟通方式使小林完全不感到难堪，不感到沮丧，取而代之的是温暖和鼓励。

只是多了那么几个字，一下子就站到了对方的立场。大家站在同一阵线，每个人都设身处地为他人着想，哪里还会有什么不满的情绪，更别说会造成人与人之间的隔阂了！

不争论：要有欢迎分歧的态度

人和人之间就某件事产生分歧是非常正常的。很多人在产生分歧后首先想到的是争论甚至争吵，这似乎也是正常的，但正是这种似乎正常的解决办法恰恰是最糟糕的办法。其实，最好的办法就是避免争吵。

有人说："理不辩不明"。其实，很多时候是"理越辩越不明"。争论的结果，要么会让双方比以前更坚持自己的立场；要么是一方赢了争论，洋洋得意，另一方颜面扫地，心生怨恨。

因此，卡耐基说："在争辩中获胜的唯一秘诀就是不要争辩。" 狄更斯也曾提出忠告："切勿与人争论，即使彼此的意见相左，也应巧妙有礼地转变话题。"

与朋友发生争论，常常会伤害彼此，有时甚至会反目成仇，从此失去这个朋友。这样的争论无疑丧失了交谈的意义和价值，既然如此，又何必为了证明自己正确而和别人争论不休。沟通专家史夫易特也说："最恶劣、最糟糕的交谈，莫过于争论了。"

在一次宴会上，一位先生讲了个幽默故事，其中提到一段引语，他说是出自《圣经》。然而他的邻座很清楚地记得这是出自莎士比亚作品，于是很自信地指出了这个错误，结果是各执己见，互不相让。正好边上是一位莎翁研究专家，于是决定让他评判，那位专家对那位指出错误的先生说："你错了，那位先生是对的！"

在回家的路上，指出错误的那一位先生很诧异地问专家："你明明知道我是对的，怎么说他是对的？"专家的回答说："这么多人看着，你为什么要让他丢面子，如果让他丢了脸，他会恨你一辈子，而绝不会感激你指出了他的错误，绝对不要以为指出他的错误是为他好！"

事情确实如此，和一个人争吵，一般是不会有什么好结果的，因为为了各自的自尊，谁都不愿意轻易地屈服，而往往分歧双方都各有优点，也各有缺点，或者根本就没有好坏可言，只是角度不一样，所以争吵是不可能有结果的。争吵总是营造一种敌对的气氛，在这种气氛中，双方都只会盯住对方的缺点，而不会考虑对方的优点。即使是很明显的一个错误，你把它指出来，或者通过辩论把他驳得体无完肤，让他觉得低人一等，其结果只会使他怨恨你，或者违心地服输，但可能观点照旧，甚至会在以后的工作中影响相互的合作。即使是"1+1=3"这样简单低级的错误，你也该找个恰当的机会指出来，越是简单的错误越不能公开、无情地指出。

哲人说："恨不消恨，唯爱释恨。"要做到避免争吵，就要有欢迎分歧的态度，记住这样一条格言：如果一对伙伴总是意见一致，那么其中一个就是多余的。

没有分歧就没有解决问题的最佳办法。在发生分歧的时候，要冷静地先听对方说，给对方时间，然后你才会有较客观的评价。但最重要的是如何开口，很多人在开口之前是理智的，但慢慢地就失去控制，无法控制对方情绪，也没法控制自己的情绪。开口要先强调对方的优点，然后承认自己观点中的不足，即使没有也要编一个。因为要让对方认识到他的不足，最好的办法就是先自我批评。最后很婉转地提出对方的不足，并请他考虑。相信这样一个简单的程序能避免大部分争吵。

但是争辩并不是一个人的事情，即使我们不打算和对方争辩，又如何能避免对方不跟我们争辩呢？有下面几种方法供参考。

1. 不要正面反对别人的意见

在生活中免不了出现意见分歧，如果我们不得不更正别人错误的观点，那么不妨这么说："我倒是有一个想法，也许不对，我们来一起讨论一下吧。"绝对不要直接指出对方的错误，否则一场争辩将不可避免。

富兰克林年轻的时候曾经是一个喜好争辩的人，有一天，一位长官对他的做派实在看不下去了，就把他叫到一旁，教育一顿说："你真是无药可救，你已经打击了每一个和你意见不同的人。你的朋友发觉，如果你不在场，他们会自在得多。你知道得太多了，没有人能再教你什么；没有人打算告诉你些什么，因为那样会吃力不讨好，又弄得很不愉快。因此你不可能再吸收新知识了，但你的旧知识又很有限。"

富兰克林接受了这个教训，从此立下了一条规矩：决不正面反对别人的意见。从此以后，他不再说"我以为""我觉得""当然了"或者"目前我看来如此"之类的话。当别人陈述一件事情的时候绝对不立刻反驳，而是说"在目前这件事上，我们的观点看来好像稍有不同"。当别人表示有兴趣听他的"稍有不同"的意见时，他才坦率陈言，否则宁可守口如瓶。

富兰克林将这个好习惯坚持了十几年，结果他成为美国历史上一位能干、有亲和力、善于言谈的外交家。

2. 争辩只是多让一步和少让一步的问题

争辩不是一个谁胜谁败的问题，而是一个谁多让一步，谁少让一步的问题，只有这样，才会出现双赢的结果，而不是两败俱伤。

林肯曾说过："任何下定决心想有所作为的人，绝不肯在私人争执上耗费时间。在跟别人正误参半的问题上，你要多让一步；如果你确实是对的，就少让一步。总之，不能失去自制。与其跟狗争道，被他咬一口，不如让它先走。就算宰了它，也治不好你的咬伤。"

关键是怎样让步，让步到怎样的程度才不至于难堪，让双方都觉得可以接受。比如，你要求上司给你加工资，而要求做更少的事，这肯定是不现实的。如果你要求加薪并愿意承担更多的责任，上司就比较容易接受了。

3. 根据对方的原则进行判断

不是所有的人都保持同样的世界观、人生观和价值观。这些观念上的差异，正是诱发争吵的主要原因。

因此，我们要试着从别人的价值观出发考虑问题。

在美国独立战争时期，有一次，总统问一名将军对另外一名将军印象如何，这位将军用极为赞赏的语气作了评价。在场的一位官员大为惊讶地说："那位军官可是你的死敌啊！他一有机会就会恶毒地攻击你。"

"是的，但是总统问的是我对他的看法，而不是问他对我的看法。"

我们不能因为别人跟我们的价值观不一样就说他是错的。有了这样的认识，就不会时时刻刻想要理论出一个是非曲直，这样我们的生活才会和谐。

不抬杠：和人作对是自作聪明

甲："这部电影糟透了，看了两个钟头，却一点意义也没有。"

乙："看电影何必要看有什么意义呢？而且这一部片子实在不能算是很坏。"

甲："不过我认为它的布景是很宏大的，一定费了许多工夫。"

乙："不对，它的布景是电脑做的，全是假的。"

甲："演员也算相当卖力，只可惜为剧本所限，不能充分发挥他们的才干。"

乙："就这几个演员，再好的剧本也演不好！"

……

上面的对话在你看来也许觉得可笑，不过这情形多着呢！有些人习惯性地和别人作对，无论别人说什么，他总要反驳。他自己本来一点观点也没有，不过你说"是"时，他一定要说"否"；到你说"否"时，他又说"是"。这是最可怕的习惯，犯的人很多，而且每每自己还不知道。

为什么会这样呢？因为他不喜欢听取别人的意见，心目中只有他自己，而且自以为比别人高明，事事要占上风。

即使你真的比别人高明，这种态度也是要不得的。你不为对方留一点余地，要逼到他无路可走，才觉得满意——我知道你并没有想到这一层，但实际上你正是这样做的。这种习惯使你自己与朋友或同事疏远，没有人肯为你提供一点意见，更不敢向你提一点忠告。你本来是一个很好的人，但不幸你有一点爱和他人抬杠的脾气。

改善的方法就是养成尊重别人的习惯。你要明白，在日常谈论的没有绝对是非标准的问题当中，你的意见不一定是对的，而别人的意见也不一定是错的。汇总起来，你至多有一半是对的。那么你为什么每次都要反驳别人呢？

有这毛病的，聪明人居多数（否则也是自作聪明的人）。他也许是太热心，想提出更高超的见解。他以为这样可使人敬服，但事实上他完全错了。一些平凡的事情，是不必费心去做更高深的研究——至少我们日常谈话的目的，是消遣多于研究。既然不是在庄重地讨论问题，又何必在琐屑的事情上抬杠？所以，在轻松的谈话中不可太认真。

你的同事向你提一个意见时，你若不能即刻赞同，但也要表示可以考虑，不可马上反驳。要是你的朋友和你聊天，你更要注意，意见的纷争会把有趣的生活变得乏味。

倘若你的夫人问你："我的发式好吗？""不好。""我的衣服美丽吗？""不大美丽。"或她说："这双黄色的鞋子真好看。"你却偏要说："不如黑色的。"她说："孩子应该早点起床。"你却说："迟点也不要紧。"试想，这真是大煞风景啊！

记着：你不可做一个固执的同事，不可做一个没趣的朋友，不可做一个无情的爱人，不可做一个冷酷的父亲，不可做一个执拗的弟弟。

不生气：心平气和地面对指责

证严法师曾说："一般人常说，要争一口气。其实，真正有功夫的人，是把这口气咽下去。"人往往只看见别人的过错，看不见自己的失误，面对别人的指责，也不自我反省，反以恶言相向来掩饰自己的心虚。

阿光今年刚大学毕业，他学的是英文，自认为无论听、说、读、写，对他来说都只是雕虫小技。由于他对自己的英文能力相当自豪，因此给很多外商公司寄了英文简历，他认为英文人才是就业市场中的绩优股，肯定人人抢着要。

然而，好几个礼拜过去了，阿光投递出去的简历却没有回音，犹如石沉大海一般。阿光开始忐忑不安，此时，他却收到了其中一家公司的来信，信里提到说："我们公司并不缺人，就算职位有缺，也不会雇用你。虽然你认为自己的英文不错，但是从你写的简历来看，你的英文写作能力很差，连一些常用的语法也是错误百出。"

阿光看了这封信后，气得火冒三丈，好歹自己也是个大学毕业生，怎么可以任人将自己批评得一文不值。阿光越想越气，于是提起笔来，打算写一封回信，把对方痛骂一番，以消除自己的怒气。然而，在阿光下笔之际，却忽然想到，别人不可能会无缘无故地写信批评自己，也许自己真的太自以为是，犯了一些自己没有察觉的错误。

因此，阿光的怒气渐渐平息，自我反省了一番，并且寄了一张答谢卡给这家公司，感谢他们指出了自己的不足之处，语气诚恳真挚，把自己的感激之情表露无遗。几天后，阿光再次收到这家公司寄来的信函，他被这家公司录取了！

不中听的话是一把锐利的剑，可以刺穿你的心脏，但是你也可以伸手握住它，使它成为你的利器。言者无意，听者有心。一切在于你如何面对人生的挫折，你可以反驳别人的批评，斥责别人的无知，但这样并不会提高你在别人心目中的地位。只有不断反省自己，心平气和地面对指责，才可以化干戈为玉帛。

在一家首饰店，一位夫人花了几个小时挑选戒指，结果批评的意见提了不少，戒指却一只也没看上。她不仅不停地指使销售员拿这个、拿那个，还当着其他顾客的面滔滔不绝地发了一通"这枚戒指的成色太差""这枚戒指的定价不合理"之类的牢骚。

销售员试图向这位夫人解释，但招来的只是更多的抱怨。这时，首饰店老板来到了大厅，看到满腹牢骚的夫人，他并没有做什么，而是像一个听话的小学生一样，一直站在旁边听夫人发表"高论"，一声都没有吭。直到那位夫人说完了，这位老板才缓缓地说："看得出，您对戒指是有研究的，对不起，请您等一会儿。"然后他让售货员取出一只价格不菲的戒指摆在夫人面前，说："我想这枚戒指最能衬托您的高贵气质。"那位夫人一听这话，半信半疑地把戒指戴上。的确，大小、颜色都与她挺相配。结果，夫人满意地说："这枚戒指好像是专门为我定做的一样。"最后，那位夫人高高兴兴地付账离开。

其实，那位老板最后拿出的那枚戒指，实际上是那位夫人早就试过却又下不了决心购买的。

也许，这位夫人已经看了好几家珠宝店，可就是下不了决心，因为没有人懂她的心，也没有人耐心地听她抱怨，更没有人能在她抱怨后，适时地给她一个建议。这位老板了解顾客的心理，知道她需要的是倾听、尊重与肯定。于是，他投其所好，没花多少时间，就说服了这位挑剔的顾客。

的确，在生活中，遭到别人的指责和抱怨的事常会碰到。遭人指责抱怨，是件极不愉快的事，有时会使人觉得很尴尬，尤其是在大庭广众面前受到指责，更是难以忍受。但从提高一个人的修养角度来讲，无论你遇到什么样的指责，都应该从容不迫，泰然处之。

为摆脱指责的尴尬局面，不妨采纳心理学家提出的以下建议。

1. 保持冷静

被人指责总是不愉快的，面对使你十分难堪的指责时，要保持冷静，最好暂时能忍住，并作出乐于倾听的表示，不管你是否赞同，都要待听完后再作辩解。因对方一两句刺耳的话，就按捺不住，硬碰硬，不仅解决不了问题，还容易将问题搞僵，将主动变为被动。

2. 让对方亮明观点

有些人在指责别人时，往往似是而非，含糊其辞，结果使人不知所云。这时，你可向对方提出讲清问题的要求，态度要和气，如"你说我蠢，我究竟蠢在哪里？""我到底干了什么傻事？"以便搞清对方究竟指责和抱怨你什么，让对方及时亮明自己的观点和看法。这一策略往往能有效地制止指责者对你的攻击，并能将原来的攻防关系转变为彼此合作、互相尊重的关系，使双方把注意力转向共同感兴趣的话题。

3. 消除对方的怒气

受到指责，特别是在你确实有责任时，你不妨认真倾听或表示同意对方的看法，不要计较对方的态度好坏，这样，指责完毕，怒气也消了一半。即使当你确信对方的指责纯属无稽之谈时，也要对其表示赞同，或者暂时认为对方的指责是可以理解的。这会使对方无力再对你进行攻击，相反，你却可以获得更多的机会和时间进行解释，从而消释对方的怒气，使猜疑、埋怨和互不信任的坚冰得以化解。

不论是谁，不论他是何等的挑剔，如果他能够感受到他人的尊重与肯定，比如自己的牢骚有人倾听，自己的想法有人理解，心理就会感到满足。所有的不满、反感等消极情绪，就会慢慢消失。到最后，他会变得并不那么坚持自己的主张，也比较容易接受对方的意见。

不冒犯：忌讳的话要避免去说

忌讳如伤痕，虽然常常淹没在深处，却往往有人去掀动它。几乎每个人都会有一些避讳的事，人人都讨厌自己的忌讳受到别人的冲撞。与人相互沟通时，要千万注意，不能忽视了这些问题。如果不小心因说了一些忌讳的话而冲撞了别人，这往往会引起别人的反感。

一次几位同事在一起喝酒。小李为了表达对小张取得成绩的钦佩之情，他举杯倡议道："我建议为小张的成功干杯！总结小张的曲折经历，我得出这样一个结论，凡是成大事的人，必须具备三证！"

众人惊异地问道："哪三证？"小李提高嗓门喊道："第一是大学毕业证；第二是监狱释放证；第三是离婚证！"话音刚落，众皆哗然，小张硬撑着喝下了那杯苦涩的酒。

这三证中的两证无疑是小张的忌讳，而小李却没遮拦地把它们说出来了。小张不想让别人知道，小李却把它们捅了出来。这件事警示我们，在激励自己的同事，即使是非常要好的同事时，千万要避开那些忌讳问题。

一位早年毕业于某高等院校中文系、勤勤恳恳工作了几十年的老教师退休了。为此，学校为他和另一位曾多次荣获"先进"的退休老同志一并举行了一个欢送会。领导对他们的工作和为人进行了热情洋溢而又非常得体的肯定和赞扬。相比之下，领导对那位曾多次荣获"先进"的老同志的赞扬更多。当轮到两位受欢迎的退休老同志致答谢辞的时候，他们对大家的欢送作了深情的感谢。一时间，会场里充满了一种令人动情的温馨气氛。

作为答谢，话本该说到这里为止。然而，那位老教师却并未就此打住，而由人们对另一位"先进"老同志的赞扬引起了感触，并作了颇为欠当的联想和发挥："说到先进，很遗憾，我从来也没有得过一次……"

话犹未尽，坐在他对面的、平日与他相处得不是很融洽的一位青年教师突然抢了话头："不，那是我们不好，不是你不配当先进，怪我们没有提你的名。"话语中带着不肯饶人而又让人难堪的"刺"。冷不防，老教师脸上露出一副感伤的表情，一时间会场中出现了尴尬的气氛。

领导见势不对，马上接过话茬，想缓和一下气氛。照理说，这时他应避开"先进"这个敏感的话题，转而谈论其他的事。然而，他却反反复复劝慰那位退休老教师，叫他对"先进"的问题不要在意，说没有评过先进，并不等于不够先进，先进不仅在名义，更要看事实。如此等等，一席话，等于是把本应避而不谈的话题作了重复和引申，使本已尴尬的局面显得更为尴尬。

能否机敏地避开某些不宜多说的话题，对领导者的领导能力也是一种很好的检验。领导者的能力固然表现在原则性上，在会场一时出现了某种始料不及的尴尬局面时，他没有直接去批评那位言语失当的青年教师，而是竭力肯定那位老教师的贡献，具有这种应变的意识并立即着手应变，这些都是无可厚非的。然而，从具体的应变能力和说话方式的一面看，却又显得很不够。照理说，在这种场合，他应竭力避开"先进"这个敏感的话题，"顾左右而言他"，巧妙地把话题岔开，使欢送会的气氛由暂时的不欢而重新转向欢快，并顺势掀起新的高潮，而不是如他所做的那样，在敏感的话题上讨论太久。

如果你能巧妙地避开不宜多说的话题，那将是另一番光景，别人会因为你识大体、顾大局而欣然接受你。反之，正如约翰·莫非在《你的生活》

杂志上的文章中所说的那样："小看别人，自己也会变得渺小。"

美国俄亥俄州黛唐市的国立现金收入纪录公司有着美国最杰出的销售势力。这个公司的销售训练部主任拉尔夫·奈格里告诉我，说："保证推销员工作符合要求的秘密在于，不是向他们讲公司的意图，而是给他们一个把推销工作做得更好的刺激。"

拉尔夫从来不说："如果你想在这里工作，你就必须干大量跑腿的活儿。"相反，他更可能会说这样的一些话："如果你强迫自己出去多做一些访问和请示，就会大大地增加你的收入。"

推销员的工作本来就是跑腿的，但你直率地说出这个字眼来，会使他们感到你对他们的鄙夷，从而干不出很好的业绩。但是换一种说法，就避开了这个忌讳，让他们放心地去做好工作。

在日常生活中有很多事可使人产生愤怒，如果遇到这种情况要尽量躲开，或暂时回避一下，以免使矛盾激化。

说"不"：别让不好意思害了你

很多人在拒绝对方的时候，会产生一种"不好意思"的心理。这种心理阻碍了人们把拒绝的话说出口。由于这种矛盾的心情，态度上就不那么热心，说话吞吞吐吐。在这种心理的制约下，最终往往是依照对方的意图行事。即使拒绝了对方，其态度也容易使对方产生误解，认为你在成心摆架子。因此，要想使自己在工作和社会交往中，不惹出许多麻烦，首先要克服这种"不好意思"的心理障碍。

国外研究拒绝艺术的专家强调，要建立这样一种意识：你有权利说

"不",你不必因为拒绝了某人一件事而感到不好意思。这样,你在拒绝时就会心情坦然、举止大方、态度明朗,避免被误解和猜疑。即使对方开始会对你的拒绝产生一点失望和遗憾,但由于你的态度在向对方表明你是坦诚的,对方会受到感染,容易弱化对方心中的不快。如果你自己都觉得不应该拒绝,那么你的态度就会迟疑不决,对方也会觉得你拒绝的理由是不可信的。

在服装店,你在挑选一件衬衣,样式和做工都令人满意,但在价钱上你却觉得不够理想。看到售货员的热情服务,你不好意思不买它。售货员就是利用你的这种心理,越是看到你在犹豫,服务得越是热情周到。售货员帮你量好尺寸、试大小,甚至动手包装好,放进你的购物袋里,造成既成事实。

初次交女朋友,你也许会感到左右为难,因为她实在不是你喜欢的那种类型。但是,由于是你的上司介绍的,或者是上司的女儿,你在拒绝上产生了犹豫。虽然每次会面都使你感到不舒服,恨不得马上逃得远远的,但你一想到姑娘的身份、上司的威严,你就不得不仔细斟酌。姑娘却对你一见倾心,你的上司也觉得好事可成。随着时间的推移,你一再丧失拒绝的机会,勉强从事,这样的婚姻是不会幸福的。

不知有多少人因为不好意思说出那个"不"字,而买了不称心的衬衫,娶了自己不喜欢的姑娘,答应了自己办不到的事情,耽误了不应该耽误的约会。

在人性的丛林里,人人都在显露自己的欲望,个个都在展现自己的实力,慢一步就失去了机会。因此你应该认清不好意思的真相,大胆地表现你的想法,并采取必要行动,否则你不好意思,别人反而笑你笨!尤其是以下三件事,你绝对不能不好意思。

1. 有关个人权益的事

你千万不可不好意思，而应该大胆地争取、保护自己的权益，如果因为不好意思而丧失了自己的权益，不会有人因此而感激你。

2. 想拒绝的事

很多人就是因为同事、朋友、亲戚的关系而不好意思拒绝，于是借钱给别人，为他人做担保，甚至冒险为其两肋插刀。结果是帮了别人，害了自己！

3. 应该要求的事

很多人因为不好意思，结果事情做不好，对方得不到好处，你也苦了自己。尤其是如果你已成为单位主管或负责人，在工作上绝对不可以不好意思要求他人，否则你将失去权威，甚至被部属欺瞒。

克服"不好意思"的心理，就要求我们对该做的事不要畏首畏尾，对该争取的利益要去争取。当然，如果一个人完全没有不好意思的观念，那么这个人心中就已没有"廉耻"两字，就会走向不道德的另一个极端。

如何拒绝别人，怎样说"不"，是有技巧的。

你应该学习带着和善的脸色说"不"，用像说"好"时一样的轻松打消"不"所带来的生气和痛苦。

面对即将发生或正在发生的冲突时，用和善、简短而坚定的态度说"不"，能收到意想不到的效果。和善地表现你的自信和坚定，也能使别人接受你所传达的信息。

当你说"不"时，你的肢体语言也很重要。你的态度可能是说出和你心中想表达的相反意思。当你说话时，眼睛要看着对方，身体动作所表达出来的信息和你说出来的一样重要。如果你的态度显得不够真诚，那么又怎么能让别人相信你呢？

当你对所做决定列出理由时，一个冗长的解释会让人认为你很虚伪。他们认为你是由于动机不良才会想说服别人来同意你的决定。你是值得敬重的，所以没有必要作任何解释，更没必要列出一长串的理由和依据。

在你未准备妥当之前，不要立即答复"不"或"好"。即使你是个绝佳的决策者，有时候你也会需要几天时间来决定重要的事。你可以用一种肯定的表达方式："我需要考虑一番，但很快就会给你答复。"

用真诚而肯定的方式说"不"。假设一个朋友向你借钱而你不能借时，首先要表达出诚恳的态度，然后简短地说出你的意思，再用诚恳的态度来结束话题。

比说"不"还要困难的事，是用和善的态度指出别人的缺点。面对不愉快的状况，依然能指出别人的错误。

拒绝是难免的，遭到拒绝又是不愉快的。诚恳的态度、得体的用语可以把这种不快减少到最低程度，并得到对方的谅解和认可。

1. 诱导拒绝法

甲向乙打听机密，乙神秘地问："你能保密吗？"甲说："能。"乙接着说："你能，我也能。"

2. 推托拒绝法

"前几天经理刚宣布过，不准任何顾客进仓库，我怎能带你去呢？"

"这个问题涉及好几个人，我一个人决定不了。我把你的要求带上去，让人事部讨论一下，过几天答复你，好吗？"

"这件事我做不了主，我把你的要求向领导反映一下，好吗？"

3. 委婉拒绝法

"这个设想不错，只是目前条件不成熟。"

"这倒是个好办法，但我的上司恐怕接受不了。"

"主意不错,可惜我那天正好出差在外。"

4. 隐晦拒绝法

"小伙子,我真难以想象公司少了你会怎么样,不过我想从下星期一开始试试看。"

"贵公司地理环境不太好,我看××公司可能更适合举办这次活动。"

5. 虚实拒绝法

问:"中国能拿几块金牌?"答:"到时候就知道了。"

问:"××认为贵公司不可能按时交货。"答:"他们有充分的言论自由,他们想怎么说,就怎么说吧。"

不论你现在说"不"的语气或态度如何,你都可以学习更有效率、更温和的方式。即使你在困扰之中,也能坚定地说"不",而绝不会失去友谊。

Chapter 04
聪明人的九个沟通技巧

精准表达的技巧

说话是表达的一种重要途径。一个善于沟通的人说出的话一定严谨周密，符合思维逻辑，让人听不出错误和漏洞。精准表达是沟通的一个重要技巧。

1. 尽量简明扼要

说话越简明越好，有些人在叙述一件事情时说了很多话，但还是无法把他的意思表达出来，以致听者花了很多时间和精力，仍然不知道他想说明什么东西。如果你有这种毛病，一定要改掉。改掉的最好办法是，在说话之前，先在脑子里作一个初步的计划，然后再把计划要说的东西讲出来。

2. 用语不要过多重叠

在汉语里，有时的确要使用叠句来引起别人的注意，或者加强语气。但是，如果滥用叠句，就会显得累赘。

3. 同样的词语不可用得太频繁

听者总希望讲话者的语言丰富多彩。我们虽然不必像某些名人所说的那样，每说一事都要创造一个新词汇，但也应该在许可的范围内尽量使表达多样化，不要把一个名词用得太频繁。即使是一个非常新奇的词，如果你在几分钟内就把它复述了好几次或十几次，那么人们对它的新奇感也会丧失，并对它产生一种厌倦感。

4. 要避免口头禅

有些人在交谈中爱说口头禅，诸如"岂有此理""我以为""俨然""绝对的""没问题"一类的话几乎是脱口而出。不管这些话与所说的内容是否有关联，这类的口头禅说多了，不仅会影响说话的效果，而且容易被别人当作笑柄。因此，这类的口头禅应尽量不说。

5. 说话含糊只会带来更多误会

说话含糊其辞容易给人造成误会，或者别人会以为你在给他某种暗示，从而对你提出一些无礼的要求。这个时候我们就要及时澄清事实，声明自己的立场，让事情朝好的方向发展。

假如朋友或同事在公开场合责备你，而情况与事实又有出入，这肯定使你难堪。这时，你该怎么办呢？你可以心平气和地直言："我们是否私下谈谈？我想请你调查清楚了再说话。不然，我以后很难和你相处。"

倘若亲友无缘无故责备你，你也应该明确地跟他说："你让我十分难堪，请你告诉我这是为什么？我哪里得罪你了？"当然，假使是你自己做错了事，哪怕是无意的，也要诚恳道歉。明辨事理、直言不讳，这才是摆脱窘境的最佳方法。

6. 避免口无遮拦，说话之前先三思

美国作家霍姆斯曾经说："谈话犹如弹竖琴，如何让它停止发出声响和如何让它奏出乐音，两者同样重要。"这番话无疑告诉我们，不管在什么场合，与别人交谈时，小心谨慎的话永远比粗心大意的话重要。说话之前要让舌头在嘴里转三圈，把不该说的转掉，只说该说的，免得说错了话得罪了别人，自己后悔不已。

折中的方法：只在必要的时刻说出必要的事情，并且以正确适当的方式表达自己的想法，这才是明智之举。

7. 不说绝对话、过头话

莫说过头话，这是一句千古不变的经验之谈。说了"过头话"，由于事情未定，别人只能或猜测、或期许、或企盼、或担心、或嫉妒……别人用心越多，事情的变数就越大。

当你承诺一件事情时，在综合考虑自身能力和其他因素后，尚需留有一定余地，使你最终达成的结果不低于你的承诺。也就是说，可以给人一个意外的惊喜，但是不要给人太大希望。

8. 对人恭敬，称呼当先

面对陌生人，出于礼貌，我们总要以一定的称呼来跟对方交谈，正确、适当的称呼，不仅反映着自身的教养，对对方尊重的程度，甚至还体现着双方关系达到的程度和社会风尚。

称呼可分为以下几种：行政职称，如"李局长""王总经理""刘董事长"等；技术职称，如"李总工程师""王会计师"等；学术头衔，如"教授""法官""律师""医生""博士"等；行业称呼，如"解放军同志""警察先生""护士小姐"等；泛尊称，是指对社会各界人士在较为广泛的社交面中都可以使用的表示尊重的称呼，如"小姐""夫人""先生""同志"等。在不知道对方姓名及其他情况（如职务、职称、行业）时可采用泛尊称。

常见的错误称呼包括误读和误会。误读也就是念错姓名。为了避免这种情况的发生，对于不认识的字，事先要有所准备。如果是临时遇到，就要谦虚请教。误会，主要是对被称呼的年龄、辈分、婚否以及与其他人的关系作出了错误判断。比如，将未婚妇女称为"夫人"，就属于误会。

有些称呼，具有一定的地域性，比如山东人喜欢称呼"伙计"，但在南方人听来"伙计"肯定是"打工仔"。

有些称呼在正式场合不适合使用。例如，"兄弟""哥们儿"等一类的称呼，虽然听起来亲切，但显得档次不高。

慎用称呼、巧用称呼、善用称呼，将使你赢得别人的好感，有助于你的人际沟通自此开始顺畅地进行。

9. 客套话，交际不可或缺的沟通良药

恰当地使用客套话，一方面能够体现我们的涵养，树立良好的个人形象；另一方面能让对方感到自己受到了尊重，从而产生愉快的心情，促使人际交往顺利进行。

比如，两人见面互道一声"您好""别来无恙""久仰大名""吃饭了吗？""最近怎样""好久不见，在忙什么？"，等等；做客探望客套话，如"欢迎赏光""请随意""承蒙款待""欢迎光临""恕不远送"，等等；致谢客套话，如"让您费心了""请笑纳""不成敬意""举手之劳""不敢当"，等等；求助客套话，如"请多关照""请指正""多谢指教""恳请"，等等；原谅客套话，如"见谅""多包涵""海涵"，等等；受益客套话，如"托您的福""借光"，等等；谦虚客套话，如"不足挂齿""不值一提"，等等。

10. 注意表达的顺序

如果你说一个女大学生，晚上去夜总会陪酒，听起来就不太好，可如果你说一个夜总会小姐，白天坚持去大学听课，就满满的正能量了。

如果你说你是一个学者，开了个公司，会被鄙视。有人会认为你俗，真是斯文败类。可是如果你说你是一个商人，经商之余还专研学术，别人会肃然起敬,尊你为儒商。

所以说话的时候,顺序特别重要。

有效倾听的技巧

与人交谈和沟通的过程中,有的人能够耐心听别人讲话,但过后再问他究竟听对方讲了些什么,他却说不清楚。这样的人只能说是在听别人的讲话,而不是有效倾听。

一位顾客来跟乔·吉拉德商谈买车。乔·吉拉德向他推荐了一种新型车,一切进行顺利,眼看就要成交了,但是对方突然决定不买了。乔·吉拉德百思不得其解,夜深了还忍不住给那位顾客打电话探明原因,谁知顾客回答说:"今天下午你为什么不用心听我说话?就在签字之前,我提到我的儿子即将进入密歇根大学就读,我还跟你说他的运动成绩和将来的抱负,我以他为荣,可你根本没有听我说这些话!你宁愿听另一位推销员说笑话,根本不在乎我说什么!我不愿意从一个不尊重我的人手里买东西!"

有效倾听首先应该是用心地聆听对方的谈话,不仅要听,更要听得清、听得懂。如果对方在一旁大谈特谈自己的经历和故事,而你却心不在焉,那么就没有达到倾听的目的和效果。这样的听就算不上是倾听。

美国教育家戴尔·卡耐基在《人际关系》一书中,叙述了一个他亲身经历的小故事。一次,卡耐基同一位名人在晚餐会上交谈。席间,卡耐基自始至终只是充当了一个听名人讲话的角色。事后,名人向晚餐会的主持者赞扬说"卡耐基是一个非常善于交谈的人"。得知此事后,卡耐基不禁大吃一惊说:"我只是很认真地听他讲话而已。"

富有魅力的人大多是善于倾听他人言谈的人。真正善听的人比善言的人更能感动对方，更能唤起对方的亲近感。

平日里我们也常听到有人抱怨，或者我们自己也在抱怨"为什么表达自己是那样的难。我总是那么笨嘴笨舌的，不善言谈，所以无法很好地与别人相处，人际关系也就总处理不好"。不善言谈的人，也是不善于倾听他人言谈的人。因为他在交往中过于在意自己的行为，总是不断地惦念着：一定不能让对方笑话自己，要把话说得漂亮些，否则就得不到对方的认同。另外，他又为自己的说话达不到理想的程度而感到十分苦闷。这样，当然也就不会聚精会神地听对方的讲话了，免不了忽视对方，很难真正在听别人讲话，而只是随便点头附和，心不在焉地听听而已，有时甚至不等对方把一段话说完，自己就迫不及待地说了起来。这是一种只要求对方听自己说话的单方面的交谈方式。

方女士在某保险公司从事外勤工作已20年了，是个经验非常丰富的行家。在公司众多外勤人员中，她的成绩一直也是出类拔萃的。她在劝客户买保险时不采用劝说的方法，这正是她与其他外勤人员的不同之处。其他外勤人员通常的做法是在客户面前摆上好几本小册子，然后向他们说明到期时间和应收金额，并以一种非常熟练的语调反复地讲述客户在投保后，将能得到多大的好处。

而方女士却与此相反，这样的话她一句也不说。她总是从对方感兴趣的话题说起，稍微谈谈自己在这方面的无知和失败的体会。原本对劝说投保一事素存戒心的对方因为她谈的是自己喜欢的话题，这样便在无意中跟她谈了起来。之后她总是听着，并为对方的讲述而感到钦佩和惊叹。对方不知不觉地倾吐了内心的烦恼，谈了自己对将来的理想和希望。方女士依然还是专心地听着。直到最后，自己才主动地说出投保的想法："这么说，还需要适当地投保啊！"

方女士是一个善听人言的高手。不过，在此可以断言的是：她并不是因为生意上的缘故而装出一副倾听对方言谈的样子。与此相反，方女士在这段时间里甚至忘记了工作，诚心诚意地听对方讲话。也正因为如此，对方才会对她敞开心扉，吐露真情。即使在旁人看来，他们之间的对话像是单方面的，但实际上，这二人进行着心灵上的交流和沟通。

要做一个善听人言者，这比任何一个雄辩者都要更吸引人，同时也是搞好人际关系的最有效的手段。

那么，怎样做到有效倾听呢？

1. 全神贯注地倾听

倾听时要集中精神，神情专注。为表示自己注意倾听，要多与对方交流目光，别人讲话时要适时点头，并发出"是""对""哦"等应答。但不要轻易打断别人的谈话，也不要随便插话，若非插话不可，要先向对方表示抱歉，并征得对方同意，如"对不起，我可以提个问题吗？"或"请允许我打断一下"。

2. 不随意插话和妄下论断

交谈中要尊重对方的观点，即使你不同意别人的看法，也不要轻易打断别人的谈话。如确有必要，需等人家讲完后再阐明自己的观点。特别是对方还没有充分地把自己的意思表达清楚的时候，不要轻易表态，也不要挑剔批评。否则会让人感到你有一种优越感，影响交谈的进行。

3. 耐心倾听

交谈中要注意控制自己的情绪。有时会因为对方过长的发言或自己不感兴趣的话题而感到厌烦，这时要学会控制自己的情绪，不要使之表露出来，要耐心听对方把话讲完，这是对讲话人的尊重。特别是对方有不满的时候，要耐心倾听，给对方提供宣泄自己不满的机会。

4. 力求听懂

听别人说话，不仅要听见、听清，最重要的是听懂，要认真领会他人话语中的含义。光听不思考、置若罔闻、心不在焉都不是有效倾听。只有用心倾听，才能真正达到沟通的目的，解决沟通中存在的问题。

提问的技巧

沟通是一个互动的过程，问对问题，可以把沟通落到实处。提问要有针对性，才能得到所需的答案，这才达到了真正有效的沟通。提问的内容要具体，含糊其辞的提问只会让人心生疑团，产生误解。提问要实际、具体，沟通才能得到良好的效果。以下是提问的具体技巧。

1. 见什么人问什么话

人有男女老幼之分，该由老人回答的问题，向年轻人提出就不合适；该向男性提出的问题，也不能叫女性来回答。

每个人都有自己独立的性格色彩。有人性格外向、热情直率，对任何问题几乎都能谈笑风生、畅所欲言；有人寡言好思，情绪不外露，但态度比较严肃；也有人讷于言辞、孤僻自卑，对任何问题都敏感，甚至有点神经质。对性格外向的人尽管什么问题都可以提，但必须注意要问得明白，不要把问题提得不着边际，否则很容易使谈话"走题"；对寡言好思的人，要开门见山、简洁明了，提问要富有逻辑性，尽量提那种"连锁式"问题，"你为什么会这样呢？""后来呢？"等等，这样可以促使他源源不断、步步深入地谈下去；对那种敏感而又讷于言辞的人，要善于引导，不宜开始就提冗长、棘手的问题，通常以他喜欢的话题，由浅入深据实发问，启发他把心里话说出来，但必须注意绝不能向他提令其发窘的问题。

2. 提问必须掌握最佳时机

提问并不像逛大街、上自由市场那样随时都可以进行。有些提问时机掌握得好，发问的效果才好。两个过去很要好的朋友都刚刚走上工作岗位，一次偶然的机会他们相遇了，互相询问："你们单位怎样？工作还顺利吧，谈恋爱了吗？"这显得既亲热自然，又在情理当中。但是，如果一位姑娘经人介绍与一位从未见过面的小伙子谈恋爱，公园门口两人准时赴约了，沉默了一会，姑娘抬起头来问："你谈过恋爱吗？工作轻松吗？工资多少？"其结局就可想而知了。中国人见面打招呼都喜欢问一句"吃了吗？"如果这话用在吃饭时间前后，倒也无妨，但如果下午三点左右在公共汽车上遇到熟人也问这么一句，就难免让人感到有点莫名其妙。

一般来说，当对方很忙或正在处理急事时，不宜提琐碎无聊的问题；当对方正专心欣赏文娱节目或体育比赛时，不宜提与这场文娱节目或体育比赛无关的问题；当对方伤心或失意时，不宜提太复杂、太生硬、会引起对方不愉快的问题。

3. 提问也要看场合

比如你所领导的三个人都完不成你布置的任务，你想对此事加以证实并问清原因。你有两个办法。一是把他们一起找来问："是你们的一致看法吗？为什么？"二是把他们一个个找来问："你的看法和他俩一致吗？为什么？"前一问就不如后一问，因为前者三人在一起，人类固有的从众心理会不让他们说出实话来。因此，场合不同，回答就可能不同。

4. 提问要适应对方的心理

在问答过程中，提问的人、提问的内容、提问的方式，甚至提问行为的本身都会对被问人的心理产生一定的影响。提问人必须根据被问人的心理特点进行提问，这样才能达到提问的目的，收到较好的效果。

一位记者采访一位乡下的老大娘，一见面寒暄几句，就问："听口音，大娘是山东人，是鲁中的吧？"

大娘一听就笑了："你这耳朵真灵，是山东阳谷县人。"

记者又问："阳谷县？那不是好汉武松打虎的地方吗？景阳冈还有没有呀？"

大娘谈起家乡，话就更多了。她也不拘谨了，不把记者当外人，什么话都说，甚至把村里的"内部新闻"也毫无保留地说了出来。记者十分顺利地完成了采访任务。

身居异乡的人是最爱谈故乡的。记者的提问正把"兴奋点"选在谈故乡上，一下子就问到了"点"上，抓住了大娘的心理。这样的提问使原本陌生的人之间迅速地达到了心理相容和心理共鸣，也就搭起了沟通彼此心灵的桥梁。

5. 话题切入法

在提问中问什么、怎么问，话题的选择是一大关键。日本心理学家多湖辉曾经说过，要使对方乐于答话，莫如挑他擅长的来说。其实，提问也是如此。比如一个人乒乓球打得好，你就可首先问："听说你打乒乓球很拿手，是吗？"和人交谈正如和人打乒乓球一样，问话人的提问就像打乒乓球时的发球。你以对方擅长的东西发问，就像特意发了个使对方容易接的球，他当然乐意还击，一来一往，谈笑风生，畅谈不休。正是在这个意义上说，提问可称为"谈话的发球"。

6. 词语突出法

如饮食店的服务员问顾客"您今天要些什么"而不问"您要些什么"。

这个提问中加了"今天"两个字，虽看似无意，其实大有奥妙：因为他的提问就好像把顾客看成了老主顾，使顾客心里热乎乎的。

7. "二选一"选择问法

提问句按句式分有是非问、选择问、一般问、特殊问等几种。什么时候用哪种，这就有个选择问题。如有家咖啡店卖的可可里可以加鸡蛋。售货员就常问顾客："要加鸡蛋吗？"这样一问，有的顾客就选择了不加鸡蛋。后来在一位人际关系专家的建议下，提问就变成了："先生，您是要加一个鸡蛋，还是加两个鸡蛋？"通过这样的提问，就使顾客无论选择哪一种，都是选择了"加鸡蛋"，从而使销售额大增。

8. 变换语序法

提问时的顺序也对对方的心理起到非常重要的诱导作用。同样一个提问，如果顺序一变，意思就会大变，所得到的结果自然也大不一样了。如日本战后许多商店因人手奇缺，想减少送货任务，又不想影响原先承诺的送货到家等商业信誉。于是有的商店就将"是您自己拿回去呢，还是给您送回去呢？"的问话改为"是给您送回去呢，还是您自己带回去呢？"结果大奏奇效。顾客听到后一种问法，大都回答说："还是我自己带回去吧。"这是因为，人们一般在与人谈话时往往会注意后面的话，甚至多数人将一段话或一句话的最后一句当作结论性的话来看。所以，许多人在听到这种问话后就选择了后面的做法。这样，商店既达到了自己的目的，又不违背文明服务的原则。

9. 旁敲侧击法

这是指不从正面切入，而是从侧面指向问题的实质的一种提问方法。它适用于双方经过一段时间的劝说与反劝说而未能取得理想效果的时候，一经"敲击"，很可能会别开洞天，取得"四两拨千斤"的效果。

第二次世界大战期间，美国陆军参谋长乔治·马歇尔将军和三军总司令罗斯福总统就制定战略计划发生了分歧。马歇尔认为美国必须大力加强地面部队，而海军出身的罗斯福则认为，目前最重要的是要加强空军和海军的力量。双方交锋多时，相持不下。马歇尔心里对罗斯福对海军的偏爱很是不满，但没有明说。在又一次交锋中，一向面色冷峻的马歇尔突然摆出一副笑脸说："总统先生，你不要一提海军就'我们'，一说陆军就'他们'，行吗？"他说罢，客气地坐下，把那份战略计划推给了罗斯福总统。罗斯福仔细地看了一下马歇尔，不自然地笑了。他客观地研究了马歇尔的建议，最后终于接受了以地面部队为主导的观点。很明显，如果马歇尔大喊大叫"你偏爱海军"，与罗斯福纠缠个没完，结局会是如何难堪。而马歇尔先以一句话轻轻地"旁敲侧击"，再以诚恳的祈使句"行吗"，不仅暗暗指责了罗斯福的偏颇，也暗示了如果罗斯福不去掉这种偏见将会对美国产生不利影响与危害，可以说是不卑不亢、一语千钧、意味深长。

10. 知难问答法

这种提问方法主要运用于劝说对方放弃一种不切实际的打算与要求，即比较详细地摆出对方所要求的事项的具体困难，以此来劝说他知难而退，放弃原来的主意。运用知难问答法的诀窍在于如何提难题。

1960年1月26日，周恩来接见并宴请了溥仪和他的几位亲属。这位中国的末代皇帝当时还不太老，应该做点实际工作，才能度过后半截人生。怎样给他安排一份工作，让他既能欣然接受，又不感到委屈呢？就这个问题，周总理和他交谈起来。

周总理："今天和你谈谈，给你安排一下，你想搞哪种工作？"

溥仪："想搞轻工业或在公社中都可以。"

周总理："学工业倒不难，车床活主要看你的眼睛怎么样？"

溥仪："我的眼睛是700度近视。"

周总理："工艺精密的活儿是干不成了，我看可以找找各部的研究所，找一个合适的工作，你过去喜欢化学，还是物理？"

溥仪："我什么也没学过，物理、化学完全不会。"

周总理："你写的那本《我的后半生》还不错。"

溥仪："那是我口述，由我兄弟（指溥杰）执笔写的。"

周总理："这么说，你的文学底子也不大行喽！日文会不会？"

溥仪："不会。"

周总理："轻工业的活儿很精细，可能更累些，你主要还得去研究点什么？"

溥仪："旧社会把我造成一个大废物，现在我只听从党的安排，党认为怎样适当，我就怎么做。"

周总理："在抚顺时搞过农业没有？"

溥仪："只在温室里浇浇水。"

周总理："如果你觉得从事农业劳动在室外好些，那也可以。主要是学点儿科学，也可以在试验农场嘛！"

溥仪："最好从简单入手，从无到有，从浅到深。"

周总理在这里所使用的就是知难问答法。溥仪提出想到轻工业或公社中工作，周总理知道这些工作并不适合他，但又不能当面拒绝，于是便提出了各种在工作中会面临的困难。他故意把这些提出来，就是为了让溥仪知道自己不能胜任，知难而退。果然，在一连串的难题面前，溥仪打了退堂鼓，接受了到北京植物园工作的安排。

11. 苏格拉底问答法

古希腊哲学家苏格拉底发明并最擅长的一种提问法。它的诀窍就是在劝说中避开分歧意见，先提出一些对方认可的问题，然后再一步步地使对方接受与原来相反意见的一种方法。

比如，一对好朋友因为一点小事闹翻了，你要想使他们和解，就可以找到其中一位，向他先提几个问题："他（指与之发生不愉快的那一位）这个人是不是为人很正直？""是的。""他是不是很讲义气，愿意帮助别人？""是的。""他是不是帮过你？""是的。""既然如此，就不要计较一些小事了，还是和好吧！"说到这里，一般人都会接受劝告。

心理学家认为，当人们作肯定回答的时候，全身组织放松，心情处于平静状态，因而易于接受不同意见。

要想成功地运用苏格拉底问答法，下列几点需要谨记在心：提问题多从对方的实际需要考虑；多提一般化的常识性问题，使对方不可能拒绝；多提无关宏旨的简单问题，不让对方多作思考；多提明确问题，不让对方作模棱两可的回答。

12. 类比诱问法

这种方法是把类比推理过程变成一个个问句，诱使对方回答。古希腊哲学家苏格拉底很善于利用类比诱问法说服人。有一次，他和一个人就道德问题展开辩论。对方认为说谎就是不道德的。苏格拉底问道："那么在战场上对敌人说谎是不是道德的？"对方只得承认是道德的，但却辩解说对自己人不能说谎。苏格拉底又问："在我军陷入困境时，为了鼓舞士气，对他们说谎是不是道德的？"对方又承认是道德的，但提出对亲人说谎不道德。苏格拉底接着问："父亲想让孩子吃药，便撒谎说药不苦，这是不是道德的？"在苏格拉底的一连串类比诱问面前，对方心悦诚服地承认了苏格拉底的观点是正确的。

赞美的技巧

钢铁大王安德鲁·卡内基为什么付给他的助手史瓦伯一年100万美元呢？是因为史瓦伯是天才吗？不是。因为对钢铁制造他比别人知道得多吗？也不是。史瓦伯自己曾经说过，在他手下做事的许多人，对钢铁制造，知道得都比他多。

史瓦伯说他得到此薪金，大部分得益于他与人沟通的能力。"我认为我具有激发人们才能的能力，"史瓦伯说，"这是我拥有的最大资源，而充分激发一个人的才能的方法就是用赞赏和鼓励。"

"世界上最容易抹杀一个人的就是上司的批评，所以我从来不批评任何人。我相信给人以激励，就会启发他的无限创造力。所以我急于称赞，迟于找错。如果我喜欢什么的话，就是我'诚于嘉奖，宽于称道'。"史瓦伯就是这么做的。

一位年轻母亲曾讲过一个令人心痛的故事。她的孩子常常因做错事而受到她的责备。但是，有一天，孩子一点错事都没有做。到了晚上，她把孩子放在床上，盖好被子，只见孩子正把头埋在枕头上，在抽泣中问道："难道我今天没有做一个好孩子吗？"

"这一问就像电一样触动着我的全身，"年轻的母亲说，"当孩子做了错事时，我总不放过纠正她，但当她极力往好处做时我却没有注意到。我把她放在床上时，连一句表扬鼓励的话都没有。"年轻的母亲懊悔不已，从那以后她开始学会赞美她的孩子。

请不要吝惜你的赞美，给予你爱的人毫无修饰的赞美吧，你会发现他们比从前更爱你。正所谓"送人玫瑰，手有余香"。

一个自知相貌平平的少女坠入情网之后，她的情郎反复在她耳畔低语："你那深邃的眸子，散发出如梦如幻的光彩，真是迷人极了。"她一定会容光焕发，自信自己拥有一对足以倾倒众生的明眸，美也当然会眷顾于她。

赞美无须刻意修饰，只要源于生活，发自内心，真情流露，就会收到很好的效果。但要更好地发挥赞美的效果，你需要注意以下一些技巧。

1. 实事求是，措辞恰当

当你准备进行赞美时，首先要掂量一下，这种赞美，对方听了是否相信，第三者听了是否不以为然。一旦出现异议，你有无足够的理由证明自己的赞美是有根据的。

一位老师赞美学生，说："你们都是好孩子，活泼、可爱、学习认真，做你们的老师，我很高兴。"这话很有分寸，使学生们既努力学习，又不会骄傲。但如果这位老师说："你们都很聪明，将来会大有出息，比其他班的同学强多了。"效果就大不一样了。

2. 尽量赞美他人的行为

赞美一个人的行为或贡献比赞美他本人好。当你赞美一个人的行为或贡献时，你的赞许更显得真诚。而且，如果别人知道他的确值得被赞美，会获得最好的效果。赞美一个人的行为比赞美他本人更可以避免功利主义或偏见。

3. 赞美要具体、深入、细致

抽象的东西往往不具体，难以给人留下深刻印象。如果称赞一个初次见面的人"你给我们的感觉真好"，那么这句话一点作用都没有，说完便过去了，不能给人留下任何印象。但是，倘若你称赞一个好推销员，说："小王这个人为人办事的原则和态度非常难得，无论给他多少货，只要他肯接，就绝对不用你费心。"那么由于你挖掘了对方不太显明的优点，给予赞扬，增加了对方的价值感，因此赞美起的作用会很大。

4. 热情洋溢

漫不经心地对对方说上一千句赞扬的话，等于没说。缺乏热情的空洞的称赞，不能使对方高兴，有时还可能由于你的敷衍而引起对方的反感和不满。

5. 赞美多用于鼓励

鼓励能让人树立起自信心。自信是成功的一半，用赞美来鼓励对方，能使其信心倍增，尤其在"第一次"。无论任何人干任何事情，都有第一次，如果对方第一次做得不好，你应该真诚地赞美一番，说："第一次有这样的表现已经很不容易了！"别人会因为你的赞美而树立信心，下次自然会做得更好。

6. 借用第三者的口吻赞美他人

赞美随时随地都能听见，面对面直接赞美对方，总有点恭维奉承之嫌。若换个角度，换种说法，也许就好多了。以"第三者"的口吻来赞美对方，说："难怪某某一直说你很不错，今日一见……"可想而知，对方一定很高兴。因此，当面赞扬一个人，有时会令人感到虚假，怀疑你是否出于真心，而间接地在背后赞美对方，会使对方感到你对他的赞扬是真诚的。

7. 赞美要注意适度

过度的赞美，空洞的奉承，都会令对方感到难以接受，甚至感到讨厌，结果适得其反。只有适度的赞美才会令对方感到欣慰。适度因人、因时、因事、因地而异，需要不断摸索积累，逐步掌握。

8. 即使奉承也要坦诚得体

在这个社会上，会说奉承话的人，似乎比较吃香。当一个人听到别人的奉承话时，心中总是非常高兴，脸上堆满笑容，口里连说："哪里，我没那么好""你真是很会讲话"。即使事后冷静地回想，明知对方所讲的是奉承话，却还是抹不去心中的那份喜悦。因此，说奉承话是与人交往所必备的技巧，奉承话说得得体，会使人更喜欢你，有利于达成你的既定目标。

方明有件棘手的事情，无法独立完成。他想找李春帮忙，因为李春在这方面颇有研究。可是怎么开口呢？

方明找到李春说："小李，我这有个计划，自己实在完成不了，帮个忙吧？"

李春面露难色，说："我这段时间也挺忙，你还是看看别人有空没有，比如老郑？"

方明说："小李，这个计划没你帮忙，确实是不行啊。"李春见方明态度诚恳，为了不负自己的好名声，就答应了方明的请求，帮他完成了工作计划。

我们在求人办事时，要把对方抬高一点。办完事后，千万不要忘记答谢，否则以后就不会再有人愿意帮你了。

奉承别人的首要条件，是要有诚挚认真的态度。言辞会反映一个人的心理，因而有口无心，或是轻率的说话态度，很容易被对方识破，而使对方产生不快的感觉。奉承别人时也不可讲出与事实相差十万八千里的话。例如，你看到一位表情呆滞的孩子，却对他的母亲说："你的小孩看起来很聪明！"对方的感受会如何呢？本来是奉承话，却变成了讽刺，收到了相反的效果。若你说："哦！你的小孩似乎很健康。"效果就会好很多。

所以，奉承别人要坦诚，这样，你所说的奉承话，会成为真正夸赞别人的话，对方听在耳中，感受自然和听一般奉承话不同。

9. 赞美最微小的进步

卡耐基的赞美原则是：赞美最细小的进步，而且是赞美每一次进步，要诚恳地认同和慷慨地赞美。

对于事业刚刚起步的员工来说，内心往往会感到异常的艰难和孤独，在失意时听不到一句鼓励的话语，成功时也没人向他们祝贺。在这个时候，新员工如果得到的即使是片言只语的表扬，那也是令其兴奋不已的，从而也就更加坚定了信心，努力把事情做好。

有些人以为，只有大的成功才值得去表扬，小成绩无足轻重。其实这种理解是片面的，没有考虑人的内心欲求，特别是在最初工作时的孤独与艰难。

当一个下属初次走上一个工作岗位时，他会对这里的环境很陌生。如果在做出一点小成绩时就得到了领导的表扬，那么他的信心一下就会树立起来。在这方面，有个叫卡雷的人做得不错。

担任企业资源开发公司总经理的麦克斯·卡雷在1981年创立以亚特兰大为中心的销售和市场服务公司就曾经历过步履维艰的困境。当时，他的手下只有一个临时雇员。按他的话说，"大的成功离我们太遥远，我们几乎感受不到任何激励"。他做出了一个决定：每次获得一个小成功都要自己庆贺一番。

卡雷出去买了一个警报器，还配了扩音器，这样就能发出救护车的声音。如果他在电话中宣传自己的产品时能绕过培训部主管，直接与那家公司的总经理通话，就要鸣笛庆贺一次；如果收到一大笔订货，警笛也会鸣响。如今，他的公司已拥有100多万美元的资产和11名雇员。每个星期，警笛声都要在公司内回荡10次左右。每当知道有好消息时，大家都要出来听他们的同事对刚刚取得的成功吹嘘一番，这也为大家提供了互相交流的机会。卡雷说:"我们的雇员经验还不够丰富,无法取得巨大的成功,所以这种庆贺也是一种很大的鼓励。"正是用这些小进步来临时表扬鼓励员工,使卡雷的公司取得了惊人的成绩。

请记住:要表扬每一个进步,不管这进步有多么微小。

10. 怎样赞美上司

赞扬上司最好以"公众"的语气赞美,同时把自己的赞美融入进去。比如,某报社刘主编的一篇稿子在某家报上发表,小张不失时机地夸赞说:"刘主编,大家都在学习你的报道呢。我们都认为您报道的角度独到,大家都要向您请教呢!"刘主编听后很高兴。

赞扬上司要尽量使用"中性"词,切不可滥用形容词和副词。态度要诚恳,要出于真心。如果开口"最、最、最",闭口"很、很、很",不免使上司感到你言过其实,而且感觉你比较虚浮,言不由衷。例如,一位领导同志经常自己动手写讲稿,偶尔秘书为他准备稿子也是事先把稿子的"路子"告诉秘书,供执笔人参考。因此,秘书经常对他说:"像您这样当领导,我们都快失业了。""人家都说写稿子是苦差事,可是为您写稿子是个美差事。"由于赞扬恰如其分,这位领导每次都愉快地接受了。如果秘书说:"您真有水平!""别的领导都比不上您。"那么这位领导一定接受不了,也不会有好的效果。

在赞扬上司时,最要紧的是赞扬上司真正在乎的事情。上司不在乎的事情,你喋喋不休地赞扬,难免遭人讨厌。比如,新任职的上司第一次公开讲话,上司作出的被实践证明是完全正确的决策,上司近期取得的某项工作的成功,上司子女的"金榜题名"等等,这些常常是上司很在乎的事情,可以恰当加以赞扬。

幽默的技巧

越是棘手的事情，越需要幽默。幽默不只是娱乐自己，同时也娱乐别人。只要人们都可以笑得出来，还会有什么解决不了的大事呢？

人人都知道幽默的好处，但是幽默不只是让你的人生变得轻松，更重要的是，它可以改变沟通的效果，改变你的观点！

盖瑞是一个非常幽默的警官，不管遇到什么重大案件，他总能轻松面对，使问题迎刃而解。

某天下午，有三位女士为了一点小事发生了争执。三个人大吵大闹地来到警察局，你一言，我一语，几乎把警察局的屋顶掀了开来。女人的话匣子一打开，连局长都没有插嘴的份。这时，盖瑞淡淡地说了一句话："请你们当中年纪最大的那位先说吧！"

话刚说完，房间里顿时鸦雀无声。

盖瑞的聪明才智不仅如此，他还曾经运用幽默顺利抢救了一名试图跳楼的男子。

当时情况十分紧急，男子站在52层楼高的窗台上，随时都有可能往下跳。楼下挤满了围观的人，有警察、医生和记者等。那名想要自杀的男人不停地喊叫着说："别过来，谁要再走近一步，我就跳下去！"

只有盖瑞带了一名医生走上前去，他只说了一句话，那名男子便默默地走下楼了。盖瑞说："我不是来劝你的，是这位医生要我来问问你。你死后愿不愿意把尸体捐给医院？"

盖瑞的幽默感往往使他能够在极细微的事情中搜寻到破案的关键。

在一次执勤过程中，盖瑞竟然轻而易举地抓住了一个男扮女装的通缉犯。警长问他："罪犯伪装得这么完美，你是怎么发现他是男儿身呢？"

"因为，他没有女人的习惯。"盖瑞笑着回答说，"我看她经过服装店、食品店和美容院的时候，连看都没有看一眼，我就知道，这个人绝对不是正常的女人。"

又有一次，盖瑞无意中看到两个年轻的神父骑着一辆自行车在一条小路上飞驰，身为神职人员怎么可以不遵守交通规则呢？盖瑞急忙下车将他们拦住，问道："你们不觉得这样骑车是很危险的吗？"

神父们理直气壮地说："没关系，天主与我们同在。"

盖瑞听了，笑着说："这样的话，我就不应该开你们超速的罚单，而应该罚你们80美元。因为法律规定，3个人是不能同骑一辆自行车的。"

幽默使人冷静，冷静使人充满机智。

一个星期六的下午，几个人正在闹区的十字路口发表演说："现今的政治烂透了，我们应该放把火，把众议院和参议院统统烧了！"

激烈的言论尚且不构成任何妨碍，但是却引来了越来越多的行人，把路口堵了个水泄不通，严重影响了交通。

当警察赶到时，市内的交通已经瘫痪得无从下手，只见盖瑞大叫一声："现在开始，同意烧参议院的站到左边，同意烧众议院的站到右边。

"哗"的一声，人群顿时分成左右两边，中间的道路豁然开朗。

聪明的盖瑞再一次利用幽默化解了危机，使骚乱的人群冷静了下来。可见，幽默的力量是无穷的。

控制情绪的技巧

情绪化是不成熟的表现，喜怒皆形于色的人会令人反感，甚至容易被他人操纵。所以，能够控制情绪，能够驾驭情绪，不被情绪所左右，才是成熟和理智的表现。

一位年轻人在年迈的富人家里担任钟点工人。每天，除了清洁工作，年轻人还有半个小时的"陪读"任务。一天，这名年轻人不小心把花瓶与笔筒的位置放反了。这原本不是什么大事，年迈的富人却大发雷霆，指着年轻人的鼻子大骂笨蛋……年轻人一言不发地忍耐着，因为他相当同情这名老人，除了骂人的舌头外，他已别无利器。

在将近十分钟的咒骂后，老人好不容易平息下来，要求年轻人进行每天的例行公事——读一段故事给他听。年轻人翻着书，找到一个相当吸引人的章节，上面写着："南洋所罗门岛上的一些土著，每当树木长得过大，连斧头都砍不了时，他们就会对着树木集体叫喊，直到树木倒下为止。喊叫扼杀了树木的生命，比任何刀棍、石头都还具有杀伤力，正如那些尖酸、刻薄、粗鲁的言语，往往会刺伤人的内心。"

年迈富有但性格怪僻的老人听了这个故事，沉默许久。当年轻人把咖啡送到他面前，准备为他加糖时，老人抬起头来，脸上出现难得的慈祥笑容，亲切地说："不用加糖了，你的故事已经为我加了糖！"

如果不能控制自己的脾气，那么至少要懂得控制自己的嘴巴。在生气时，请不要随便开口。

人与人之间难免为了工作发生矛盾和争吵，产生怨气和怒气。经常情绪焦虑的人伤人又伤己，不仅影响人际关系，也影响身心健康。所以，为了营造一个良好而温馨的环境，控制情绪、化解怒气是有必要的。下面是一些化解怒气的小办法。

1. 意念控制法

在发火时，心中念道：别生气，别跟他一般见识，有什么天大的事要发这么大的火呢？这会收到一定的效果。

2. 回避矛盾法

如果与同事刚发生了激烈的争吵，大家都在气头上，容易引起进一步的争吵，最好暂时回避他，这样可以做到眼不见，心不烦，怒气自消。

3. 转移思想法

生气时，如果始终想着生气的事情，就会越想越生气，越想越难过。相反，如果通过其他途径有意识地转移自己的思想，做一些自己喜欢的事情，比如逗孩子玩，去商场购物，就可以转移大脑的兴奋点，让怒气在不知不觉中消失。

4. 自我超脱法

自己提出的工作方案，可能会遭到半数以上的人的反对，包括上司和同事。也许是对你期望太高，也许是认为你工作能力差，这都是正常的现象，不必忧虑和生气。

5. 积极沟通法

当争吵双方都处于心平气和的时候，利用午休时间聊聊天，谈谈各自的爱好，或许你会发现你们之间并没有什么重大的仇恨。大家都是为了工作，不要把工作中的矛盾延续到生活之中。

6. 提高修养法

平时多做一些提高修养的事，种种花草，养养鱼，学学书法，练练画，为人会变得谦和有礼，不容易暴躁和动怒。

编造善意的谎言

有一种语言叫善意的谎言，它是沟通中一种神奇的药方。它是一种无形的力量，指引着人们朝着成功的方向寻找光亮；它是一种体贴的抚慰剂，帮助人们战胜困难、树立信心和鼓足勇气；它是一种深意和含蓄，用善意和关怀告诉人们说谎者的"别有用心"。善意的谎言在沟通中是不能缺少的，正因为它的存在而使得沟通更加美好而神奇。

英国人劳比生性十分耿直，他憎恶在人际交往中说任何谎言，无论是出于善意还是恶意，但他的耿直并没有使他获得鲜花和赞美。他在50年的生命旅途中为此付出了沉重的代价，并终于有所醒悟。他痛苦地发现一味地追求讲真话，竟使他自己找不到一个可以倾心交谈的人，最终以至于连妻子和儿女也离他远去。劳比只能把自己的一生感悟写在日记本上，讲给自己听。劳比回顾了不说假话的自己在生活中处处碰壁的尴尬。他这样说："我到现在才相信，人与人相处是没有绝对诚实的。有时候，谎言和假象更能促进友情和爱情。"

教育学家通过研究发现，教师如果善用美好的谎言鼓励学生，学生则会树立信心，并且真正有所进步。

曾经有人做过这样的试验：把学习能力、成绩相当的初一学生分成三个小组，第一组经常给予表扬与称赞；第二组经常给予责备和批评；第三组既不给予表扬和称赞，也不给予责备和批评。在授课时，让三个组的学生做一些具有相同难度的数学练习题。这个实验连做了一个学期，得出的结论是：第一组学生的成绩在不断上升；第二组学生开始有一些进步，后来就逐渐停滞不前了，学习效果很差，以至于有人开始厌学；第三组学生最初成绩有所上升，以后成绩就开始停滞不前了。可见，能使学生实力倍增的谎言格外受到欢迎。

大学教授们经常给学生写一些推荐信，或是用来向国外学校申请奖学金，或是用来到人才市场上参与激烈的职业竞争。如果学生的确是顶尖的人才，那便不必多说，照实写就是了。倘若教授诚恳地指出该学生不是那种出类拔萃的顶尖人才，通常接受推荐的一方就可能理解为该学生是个差劲的学生。如果这样做，他的推荐信可能会伤害这个学生，使其失去深造的机会或难以找到工作，甚至对其一生的命运都会产生不良后果。所以，教授们提笔写推荐信时，必定要在其中夸奖学生的成绩和能力。你可以认为这是在撒谎，但这样的善意的谎言是必要的。

还有一类谎言是社会礼仪中必须说的奉承话，这些话里大都含有水分，或夸张或空话连篇。听着那些千篇一律的空话、套话，虽然心里并不一定愉快，但人们如果缺少这些空话与套话，社交礼仪就无从谈起了。

礼节性语言和奉承话可给人们的虚荣心带来极大的满足，使人从困境与艰难中走出来。它让人觉得自己在别人的生活中是受到尊重与重视的，因此它是人们生活中必不可少的。卢梭在《忏悔录》中曾经这样说："我从没有说谎的兴趣，可是，我常常不得不羞愧地说些谎话，以便使自己从不同的困境中解脱出来。有时为了维持交谈，我迟钝的思维、干枯的话题迫使我虚构一些事情以便有话可说。"

林语堂先生也曾说过："什么是中国人的教养？我一直苦苦思索，于是发现了以下三点：一是说谎；二是具有像绅士一样说谎的能力；三是以幽默感理解自己心境的平静，并且对地球上的任何事物都不过于热衷。"

但是说一个好的谎话，却比说真话还要难上10倍，要想让这种编出来的事实真正发挥出它的作用，就需要巧妙把握好下面几点。

1. 要编得合情合理，让对方真假难辨

在你编造某种情况的时候，要尽量显得合情合理，不能与现实生活的差距过大，要编得大致符合当时、当地、当事人的实际情况。

在交往的过程中，如果对方对你抱有某种程度的戒备与警惕，对你所说的一切也会本能地产生怀疑。这就更需要在编造时，在合理上下些工夫。有时，不妨来一点真真假假，造成一种虚虚实实的混沌局面。你不要说得太具体，让对方感觉你高深莫测。这时，对手感觉"实亦实，虚亦实"。于是，他就自然而然地相信你编造的全部内容。

2. 表达要疏而不漏，态度诚恳

说话时，语言的重要表达形式是声音。为了提高语言表达效果，应当辅以情感、神态、动作、语调等的帮助。对方对你的所编造内容的接受程度，取决于对你表达的感知与理解的深浅。自己的表达越明晰、确切、执着、有诱惑力，对方的感知与理解力就越强，从而导致对方产生错觉的概率也越高。因此可以说，表达是在操纵对方的知觉。一旦开始编造假话，摆在你面前的是既要千方百计调动对手的情感，使他对你建立起足够的信任，又要竭尽全力维护你的虚拟，使对方没有任何怀疑的余地。要让对方明白：如果不相信你所说的，那么便会给他带来麻烦；只有相信你所说的，他才能获得利益，迫使他认为"相信你所说的"是他的唯一选择。

为了使你的假话更加有效，还可以利用人们的认同心理，站在对方的角度，设身处地为对方说话，使对方感到自己是为他好，双方的利益是一致的，并适当使用一些缓解对方警惕性的言语。诸如"事须三思，免致后悔""考虑到我们双方的利益""这是人人皆知的""早就如此""聪明的人都会这样做"之类。如此，对方就会相信你所说的话。

编造出的"真实"，由于经过周密思考和精雕细琢，往往更有可信度。虽然这是一种谎言，但从某种意义上讲，只要你说得合乎情理，它比真诚的话更能打动人。如果你能本着真诚的原则，编造出一些让他人容易接受而不伤害他人利益的谎言，那是你的智慧。你完全没有必要固执于"绝对诚实"。相反，不分场合、不恰当的"真诚"也会让人对你避而远之。

3. 谎言也要真实

谎言也是生活中的一种真实，是无法真实时的一种真实。有时候，人们无法表露自己的真实意图，只能选择一种模糊不清的语言来表达真实。当你的女友穿着新买的衣服，问你是否漂亮，而你觉得实在难看时，你却不能直接告诉她"你的眼光太失水准了"，否则肯定吃白眼。于是你只能模棱两可地说："还好。""还好"是一个什么样的概念，是不太好或是还可以？这就是假话中的真实。这样的谎言与违心的奉承和虚假的谄媚在本质上是有区别的。

4. 出于礼仪，谎言有必要

许多情况下，谎言非说不可。有时候说谎言是出于礼仪。例如，当你应邀去参加单位或朋友的庆祝活动前遇到不愉快的事情时，你必须把自己的悲伤和恼怒掩盖起来，带着笑意投入欢乐的场合。这种掩盖是为了礼仪需要，我们不能一味地加以指责。

5. 出于爱的需要

这是谎言得以存在的重要前提，许多谎言明显是与事实不符的，但因为它合乎情理，所以运用适当的谎言同样能体现我们的善良和爱心。例如，妻子患了不治之症，作为丈夫应该让妻子知道病情吗？许多人都会认为不应该把事情的真相告诉妻子，也不应该在她面前流露痛苦的表情，增加她的心理压力，应该让妻子在剩下的时光里生活得尽可能快乐。当丈夫忍受着即将失去妻子的痛苦而说谎言时，他那与实情不符的安慰反而会带给我们感动，因为在这谎言里包含了丈夫对妻子的关爱以及对个人悲伤的克制。

只要你心存善意，把谎言仅作为交际的一种策略，就是一种美丽的谎言。这种谎言是在善意基础上交际的必要策略，这同丑恶的谎言有着本质的不同。

运用三明治法则

人人都具有自我防卫的心理，在沟通中也是如此。当人们感到对方的信息对自己有威胁时，防卫心理就被激发出来，通常会以对对方的言语进行攻击、讽刺挖苦、怀疑对方的动机等进行防卫，这就大大降低了取得相互理解的可能性。

美国前总统约翰·柯立芝发现，他的女秘书虽然长得非常漂亮，但工作经常出错。如果直接批评她，可能会激发她的防卫心理。

一天早晨，当这位女秘书穿着漂亮的衣服走进办公室时，他对她说："今天你穿的衣服真漂亮，适合你这样年轻漂亮的小姐。"女秘书听了喜形于色。

柯立芝接着说："你处理的公文如果不出错的话，我相信它也能和你一样漂亮。"从那天起，女秘书处理公文很少再出错。

柯立芝总统在批评之前先赞美女秘书的一个优点，然后提出批评，最后以积极的方式结尾。这个三段式的批评方法，就像一个"三明治"：两片"赞美"的面包夹着一片"批评"的肉。这种沟通方法，被称为三明治法则。

三明治法则有利于员工接受上级的建议和意见，原因如下：

第一，三明治法则能有效消除人的防卫心理。在批评之前，先说些亲切关怀赞美之类的话，就可以制造友好的沟通氛围，并可以让对方安下心来进行交往对话。如果一开始就是直接批评，语气又十分严厉，那么对方就会产生一种自然的防御反应以保护自我。一旦产生了这种防卫心态，就很难再听得进批评意见了。哪怕批评是对的，也都将徒劳。

第二，三明治法则能消除员工的后顾之忧。许多批评结束时还让人心有余悸，让人搞不清楚是在受批评还是要受罚。因此，总会有后顾之忧，而三明治法则的最后一层起到了消除后顾之忧的作用。它给予批评对象以鼓励、希望、信任、支持、帮助，使之能振作精神，重新再来，不再陷于错误的泥潭之中。

运用雷鲍夫法则

美国管理学家雷鲍夫提出：在你着手建立合作和信任时，你要学会使用你的语言，其中以下八句非常重要。

最重要的八个字是：我承认我犯过错误。

最重要的七个字是：你干了一件好事。

最重要的六个字是：你的看法如何？

最重要的五个字是：咱们一起干！

最重要的四个字是：不妨试试。

最重要的三个字是：谢谢您。

最重要的两个字是：咱们。

最重要的一个字是：您。

这一套沟通方法，被称之为雷鲍夫法则。

仔细观察雷鲍夫法则的八句金言，你会发现它们是一个不断渐进的过程。要建立合作和信任的基础最重要的就是认识自己和尊重他人，而上述定律无疑就是进行这一过程的最好表现。

最重要的八个字是：我承认我犯过错误。

说这八个字的前提是知道自己错了，并且能敢于承认。这就要求管理者能做到反省和谦逊，能身体力行做到这一点，并且是发自内心，贯彻到底，这样往往会产生出人意料的良好效果。

1990年2月，通用汽车公司的机械工程师伯涅特在领工资时，发现少了30美元，这是他一次加班应得的加班费。为此，他找到顶头上司，而上司却无能为力，于是他便给公司总裁斯通写信说："我们总是碰到令人头痛的报酬问题，这已使一大批优秀人才感到失望了。"斯通立即责成最高管理部门妥善处理此事，三天之后，他们补发了伯涅特的工资。事情似乎可以结束了，但他们利用这件为职工补发工资的小事大做文章。第一是向伯涅特道歉；第二是在这件事情的推动下，了解那些"优秀人才"待遇较低的问题，调整了工资政策，提高了机械工程师的加班费；第三，向《华尔街日报》披露这一事件的全过程，在全国企业界引起了不小轰动。想想通用汽车公司的工程师真是幸福。通用汽车公司改正了一个错误，但其得到的远不是看起来这么少。

最重要的七个字是：你干了一件好事。

学会关注别人、鼓励别人，是建立合作与信任关系的重要途径。

联想集团创始人柳传志在工作中非常善于关心下属、鼓励下属。当他发现中科院毕业的年轻人杨元庆在电脑销售中业绩突出后，大胆授权他成立 PC 事业部。即使遇到挫折，也鼓励他再接再厉，后来一度让联想电脑成为国产销量第一的品牌。再后来，杨元庆成了柳传志的接班人。

日本经营之神松下幸之助在创业阶段一直和员工同甘共苦。日后创立了三洋品牌的井植薰就常常回忆起他在松下时不断受到松下幸之助的鼓励，即使是在他把电池厂赔光了之后，也还是如此。松下幸之助认为他能安全回来就已经是值得鼓励的了。

最重要的六个字是：你的看法如何？

当你听完下属的汇报，问一句："你的看法如何？"下属的责任感和自尊感会油然而生。这才是顾及他人感受的合作之道与成功之道。

最重要的五个字是：咱们一起干！

这五个字，反映的是上级与下级全力以赴的信心和决心。其作用，正如《孙子兵法》所说的"上下同欲者胜"。

最重要的四个字是：不妨试试。

"试试"就是鼓励下属不断地进行创新。"不妨"是这句话的关键，不妨就是不要太在意结果，有创意就一定要付诸实施。

最重要的三个字是：谢谢您。

"谢谢您"似乎是最常用的礼貌用语，但是到底要如何说出这个礼貌用语其实是一件非常有艺术的事情。

最重要的两个字是：咱们。

有个故事：洞房花烛夜，新郎兴奋，新娘娇羞。新娘忽然掩口而笑并以手指地，说："看，看，看老鼠在吃你家的大米。"翌日晨，新郎酣睡，新娘起床看到老鼠在吃大米，怒喝："该死的老鼠！敢来偷吃我家的大米！""嗖"的一声一只鞋子飞了过去，新郎惊醒，不禁莞尔一笑。一夜之隔，一日之差，"你家"变"我家"。用词的改变，反映了新娘的心已经过门了。

使用"咱们"两字的道理也在于此。

最重要的一个字是：您。

这一条法则看似简单却又不简单，它是要你时刻记得尊重你的合作伙伴——您，而不是你，这就是尊重。

理解了这八条雷鲍夫法则，你会在建立信任与合作中事半功倍。

Chapter 05
聪明人的身体语言心理学

有研究表明，语言成为人类的沟通方式大约在 200 万年前，在此之前，人类口语尚未进化完成，肢体语言和口语一直是人类传递感情和信息的主要方式。至今，奇妙的肢体语言在沟通中仍起着不可忽视的作用。肢体语言是一种无声胜有声的传递。沟通，也可以在悄无声息中美妙地进行着。

肢体语言在沟通中的重要作用

国际肢体语言专家阿尔伯特·麦拉宾有这样的研究结论，人在彼此交流中，一条信息产生的全部影响力有 7% 来自语言（仅指文字），38% 来自声音（包括语音、音调等），而 55% 来自无声的身体语言。有专家还有这样的观点：话语（指文字）的主要作用是传递信息，而身体语言左右着人与人之间思想的沟通。

事实上，我们在与人交流沟通时，即使不说话，也可以凭借对方的身体语言来探索他内心的秘密，对方也同样可以通过身体语言了解到我们的真实想法。人们可以在语言上伪装自己，但身体语言却经常会"出卖"他们。

因此，解译人们的身体语言密码，可以更准确地认识自己和了解他人。

人类的动作、表情是本能的，每个人在平时说话都会不知不觉地做出某些表情动作。人们说话时的目光、神态、动作，经常与所表达的内容密切相关，同时也反映出说话人的修养。事实上，你和另一个人见面，虽然尚未正式开口说话，但交际活动已经开始，双方的眼神、表情、动作都在传递信息。说话时，对方不仅在听，还在看。皱眉头、嘴角向下撇，那显然是话不投机；和颜悦色、笑脸相对，说话就越容易顺利进行。因此，在口语交际过程中，我们必须给这种无声的身体语言以应有的关注。如果在说话时能够恰到好处地运用身体语言，就能够使重点突出，使自己的表达更具有感情，因而更富有吸引力和感染力，交际的效果会比单纯凭借有声语言好得多。大家知道，电视的宣传效果比电台广播更明显，其中一个重要原因就是电视节目同时作用于人的视觉和听觉，而电台广播只作用于人的听觉。

通过身体语言往往能够洞察对方的内心世界，辨识对方的性格特征，正如达·芬奇所说："容貌能显示出人的真性情，表露他的罪恶。"例如，在心急如焚的情况下，有的人爱用嘴咬手指、眼镜、铅笔或其他小物件，这种人往往性格很内向，喜好我行我素。有的人则爱用指尖轻捋头发，轻搔面部或把食指放在嘴唇上，这种人往往性格达观，处事泰然。还有的人爱抚摸下巴（一般是男人），这种人一般是"理智型"，处理问题老练、审慎。

一个人的身体语言和有声语言，是构成其语言的两种重要形式。每个人在实施活动的过程中，针对不同的对象、场合等情况，有时单独使用其中一种，有时也可将两者结合使用。但在更多情况下，我们要注意身体语言和有声语言相辅相成的关系，更好地发挥自己言语的效能。

所以，在与人交谈时，为了更加接近彼此，我们有必要了解和运用肢体语言。

1. 头部语言

在对方讲话时，我们要适时地点头。大部分人从来没有意识到点头这一动作的威力。事实上，恰当的点头动作会成为相当具有说服力的工具。研究显示，如果聆听者每隔一段时间就向说话人做出点头的动作，每次做这个动作时以3次为宜。这就能激发说话人的表达欲望，让他比平时健谈3~4倍。

点头的动作还具有相当的感染力。如果有人对你点头，你通常也会向他回报以点头的动作，即使你并不一定同意这个人所说的话。因此，在建立友善关系、赢得肯定意见与协作态度等方面，点头的动作无疑是绝佳的手段。

在点头的同时，我们的脸上应该表现出微微的笑容，眼睛直视对方。

2. 身体语言

当我们与对方说话或聆听的时候，上身向前倾，会显得更有诚意，也更容易拉近你与对方的距离，赢得对方的好感。坐着的时候，靠着椅背不如上身稍向前倾来得好。当我们改变坐姿，很可能自然地就博得对方的好感，他会觉得我们很认真而且积极。

眼神交流：透露你内心情感的信息

眼睛是心灵的窗口，目光是人们交流情感的重要媒介之一。即使再会伪装的人，他的眼神也不能骗过所有的人。发挥交往中目光的作用，可以使我们在不说一句话、不打一个手势中引起人们的注意，建立双方友好的交往关系。因此，千万别忘记眼睛和目光在社交中的妙用。

在人际交往中，眼神的奥妙在于它能反映一个人的喜、怒、哀、乐等情感，反映他的思维活动。高兴时"眉开眼笑"，忧愁时"愁眉不展"，得意时"眉飞色舞"，动心时"眉目传情"，惊诧时"瞠目结舌"，如此等等，不一而足。可见，人的目光可以传递最细微的感情，传递许多用语言和手势无法准确表示的信息。依据眼神，通常可以了解一个人的内心世界。

一个人心里正在打什么主意，他的眼神会忠实地告诉别人。当一个女人对男人表示好感的时候，她的眼睛会说出嘴上不能说出的话，就是睁大她那双充满活力的眼睛。当一个女人表示拒绝的时候，她就会用愤怒、轻蔑嘲笑的眼神，来表示她嘴上不愿说出的情感。当一个女人用从上到下或者从下到上的眼光扫视一个人的时候，表示对对方的轻蔑和审视。时而移开目光直视远处，这表示对方根本不关心你说什么。当你看到对方灰暗的眼光，就应该想到对方有不顺心的事或发生了什么意外的事情。而当你和对方交谈时，对方的眼睛突然明亮起来，则表示你的话触动了她的心灵和兴趣。常常有这种情况，有些人口头上极力反对，眼睛里却流露出赞成的神态；有些人使劲地吹嘘，可是眼神却表明他是在撒谎。

孟子说过，看人胸中正与不正，要看他的"眸子"，正直的人眼光是光明坦然的，不正的人的眼光是怯懦而灰暗的。曾国藩也说过，一个人目光闪烁不定，这个人定非善类。是的，一个人在社交中要树立良好的形象，他的目光应该坦然、亲切、和蔼、有神韵。特别是在和他人交谈的时候，目光应该注视对方，切忌躲躲闪闪、游移不定。在整个交谈的过程中目光不能离开对方，要专心、温和、热情而慈祥。相反，假如他在和你交谈时眼神躲躲闪闪、游移不定，那么，你心里就会很不舒服，这样的谈话你肯定也不想进行下去。

眼神是一种在社交中通过视线接触来传递信息的表情语言。人们历来重视眼神对行为所产生的巨大影响。以下几点应引起你的注意：

（1）不要斜视对方，那是一种轻蔑与无礼的表现；

（2）不要目不转睛地看着对方脸上某个部位，那会使对方感到有一种巨大的压力，尤其是异性；

（3）不要显得目光呆滞，那会使人感到你神情木讷，漫不经心；

（4）不要眯着眼看人，那会使人引起性的联想，特别是对于来自西方的异性；

（5）不要总是与对方的目光对峙，那意味着相互间的激烈交锋与对抗。

总之，一双真诚而热情的眼睛能够拉近双方的心理距离。眼睛会说出人们内心的话，充满善意的眼睛不一定是一双美丽的大眼睛，但只要真诚，同样可以赢得人们的好感，让人终生难忘。

眼睛是灵魂的窗户，它毫不掩饰地展现你的学识、品性、情操、趣味、审美观和性格。一个敏锐的人，总是善于捕捉人们瞬息万变的眼神，洞察对方的内心。

社交场合最受欢迎的眼神应该是充满智慧、诚恳、明亮、平静、友好、坦然、专注、坚定的眼神；社交场合忌讳的眼神应该是充满挑逗、仇恨、轻佻、卑琐、轻蔑、奸诈、愤怒、凶狠、阴沉、游离、茫然的眼神。在与人沟通过程中，不可忽视这些眼神所透露的信息。

脸色：读懂人的内心活动

人的身体构造及社会环境决定了人的生理功能和心理活动，而这些功能和活动影响着人体的外部表征和表现行为。因此，我们从这些外部表征和活动行为的现象中，能按照一定的统计规律进行归纳总结，推理分析不同类型的人与他们生理和心理活动之间的关系，从而了解人的内在活动状态。我们通过人的外部表征和表现行为能在一定程度上"读懂"人的内心活动。

嘴巴不仅可用来表达有声语言，也可反映人的情绪和心理活动。比如，嘴唇闭起表示心态宁静、端庄自然；嘴唇半开或全开表示疑问、奇怪、有点惊讶；嘴角上扬表示善意、礼貌、喜悦；嘴角下垂表示痛苦、悲伤、无可奈何；撅嘴一般表示生气、不满意；嘴唇紧绷，多半是表示愤怒、对抗或者下决心；在交谈时，用牙齿咬住嘴唇，说明正在用心倾听他人的讲话，也可能是在认真地反省自己；等等。

据科学家们研究发现，配合眼球的活动，感情在脸部的左边比较容易显现出来。如果用脸的同一边所合成的照片来看，左脸比右脸的感情流露更为明显，在你无法了解对方心理时，可以下意识地看看他的左脸，大致可知他的心理变化。

笑是人类最美丽的动作，也是最能观察对方情绪的一个动作。不同的人有着不同的笑法。一般来说，喜欢开口大笑的人性格粗犷、不拘小节、行为大方，但缺乏一定的耐心，容易让人产生做事虎头蛇尾的感觉。喜欢微笑的人性格内向、不善言语，与人交流存在一定的困难，但注意细节，喜欢对对方言语进行分析。眯眼笑的人性格倔强，对周围人不够坦诚，有时明知其事但假装不知，也往往因为这个而吃亏。性情不算和气，一旦不悦即大发脾气。他们多才多艺，有理想、抱负，但不愿与人合作。娇笑的人喜欢从现实角度出发，在感情和婚姻上，几乎把对方的能力、学识等所有指标当作不可或缺的条件。在事业上则缺乏主见，即使有自己的想法也因缺乏自信心而随波逐流。

笑起来带有谄媚的意味，这样的人深谙处世之道，或者是能力一般，以笑迎人。无论在什么场合，这类人总是唯唯诺诺。从心理学角度看，这类人不会把握自己，呈现出一种自我否定的状态，不相信自身的能力。

爱嘲笑别人的人，常有一些不错的主意，却只是作壁上观，对别人的不好表现抱讥讽和嘲弄的态度。这类人往往得理不饶人，说话尖酸，对人要求苛刻，在工作上只会指手画脚，缺乏实干精神。

爱冷笑的人有严重的对抗心理，嫉妒心强，对别人的成就不屑一顾。强烈的虚荣心使得这类人不能容忍别人比自己强，也不许他人得到认可。

经常暗笑的人容易患得患失，这类人把个人得失看得很重，得到了又害怕失去。这类人做事非常谨慎，甚至能超额完成任务，对胜利常表现出势在必得的信心。同时，强烈的自我保护心理，使得这类人有些斤斤计较，他们注重眼前的利益而失去一些难得的机遇。

奸笑令人生畏，这类人通常是阴险狡诈的，自私心理严重，对物质有强烈的占有欲。

浅笑的人给人一种优雅的感觉，这类人很少参加社交活动，属于自我封闭的类型。由于闭目塞听，他们难免会思维狭窄，容易否定自己，甚至自暴自弃。但无论怎样，这类人始终会保持儒雅的风度，甚至是从鼻子里发出笑声，不让别人注意。这种人很在意别人的感觉，而别人也喜欢其细心的一面。

表情语言是内在情感的外部显现。它通过把诸多无声的体态语言予以形象化、生动化，以达到先"声"夺人、耐人寻味的效果。它能充分弥补语言表达的不足，并可帮助信息接收者深刻、准确地把握言事意旨，有效地避免因言语表达而带来的误解。

比如，在长辈直言怒斥后生时辅以爱抚、安慰的眼神，会让人心悦诚服；在妻子需要丈夫帮忙做家务时，伴有一个亲昵、温柔的举动，会让丈夫饶有兴趣地来参与；在向下属吩咐工作时附上一个善解人意的微笑，则能令人心情舒畅；等等。学会看脸色行事，就能避免因语言不详而导致的言语沟通中的麻烦与障碍。

当然，靠表情来洞察一个人的心理有时也并不准确，因为在人性的丛林里，"面具"成为人际交往中用以掩护自己的常用手段。所以，要想真正了解一个人，还需要识破表情伪装。面无表情、不露声色、面不改色，那些隐藏起来的情感很难被观察者发现。如果按正常的思维去解读对方的心理可能会得出截然相反的结论，陷入经验主义错误。看人应注意识破对方的伪装表情和肢体语言信号，努力从对方表现出来的信息中辨出真伪。

手势：沟通的第二唇舌

在人的行为举止中，手势是十分突出的。演讲、教学、谈判、辩论乃至日常交谈，都离不开手势，手势是第二唇舌。

手势是加强语言感染力的一种辅助动作，有的手势只是一种下意识的举动，如搔首弄姿、拉耳掰手，或甩铅笔、摆弄锁链之类。还有一种情况，有些人主观上为加强语气而特意采取的手势动作。

通常情况，人们习惯性的手势有如下几种。

1. 十指交叉

在人们面带微笑愉快谈话时，常常无意识地将十指交叉。常见的姿势是交叉着十指举在面前，面带微笑地看着对方；也有的交叉着十指平放在桌面上，这种动作，常见于发言人。出现这个动作时，表明发言人正处于心平气和的状态。

一般来说，做出十指交叉手势时，手位置的高低似乎与消极情绪的强弱有关。有的将十指交叉放在膝上，也有的在站立时将十指交叉放在腹前。按交往的经验而言，高位十指交叉比中位十指交叉更显得高深莫测。当我们在演讲或日常生活中与人交谈时，如果遇到情绪消极的情况，做出十指交叉的手势，可以在心理上起到自我保护的作用，从而使谈话更少受到消极情绪的负面影响。

2. 双手叉腰

双手叉在腰间，这是一种表示抗议、进攻的常见举动。这种姿势还被认为是成功者所独有的站势，它可使人联想到那些雄心勃勃、不达目的誓不罢休的人。这些人在向自己的奋斗目标进发时，都爱采用这种姿势，它含有挑战、奋勇向前的意思。

3. "尖塔"手势

有人喜欢把两手指尖合起来，形成一种"尖塔"的手势。这是一种有信心的动作，但有时也表现出一种装模作样、自大或骄傲的心态。尖塔手势有公开与隐蔽两种形式。妇女的尖塔动作是隐蔽类型的典型。她们在坐着时把手搁在膝上，在站着时把合着的手轻放在腰部位置。职员、律师、政府公务员等，也往往喜欢摆出尖塔的姿势。专家研究发现，自信程度越高的人，尖塔姿势的位置也越高。

4. 互搓手掌

这种肢体语言常用来表达一种美好的期望。比如掷骰子的人用手掌搓骰子，表示期望成为赢家。主持仪式的人搓手掌，并对听众说："我们期待已久的下一位发言人。"兴高采烈的推销员跑进销售经理的办公室，搓着手掌说："老板，我们得到了一笔很大的订单！"当一个人急速地搓动手掌时，他用这个动作告诉对方，他将得到他所期待的结果。

5. 双手攥在一起

乍看起来，这个姿势似乎是表示充满信心的，因为人们采取这个姿势时，往往是满面笑容、心情愉快。然而，这个姿势实际上显示了一种失望或敌对的态度。当一个推销员描述他是怎样失去一笔生意时，他谈着谈着，双手不知不觉就攥在一起。

有研究表明，将双手攥在一起，是一种失望的姿势。这个手势主要有三种：在自己的面前攥手；把攥起的手放在桌子上；如果是坐着，把手放在膝盖上，如果是站着，双手在小腹前握紧。

6. 双手平摊

双手摊平，表示坦诚、真实，同时也能鼓励对方坦诚相待。当人们开始说心里话或说实话时，总是把手掌张开显示给对方。像大多数肢体语言一样，这一举止有时是无意识的，有时是有意识的，它使人感到对方将要讲真话。相反，小孩在撒谎或隐瞒真相时总是将其手掌藏在背后，与朋友玩耍到凌晨方归的丈夫不愿对妻子说出他的去处时，常常将手插在衣兜里或两臂相抱将手掌藏起来，而妻子则可以从丈夫隐藏手掌这一细节感觉到另有隐情。由此可见，与他人交谈时，你不时伸出双手并摊开，能够使你显得诚实可靠。有趣的是，大多数人发现摊开手掌不仅有助于使自己变得诚实，而且有鼓励对方坦诚相待的作用。

西方有心理学家断言：判断一个人是否坦率与真诚，最有效、最直观的方法就是观察其手掌是否摊开。当人们表示完全坦率或真诚时，就会摊开双手，说："没有什么值得隐瞒的，让我坦白地告诉你吧。"

7. 手势下劈

手势下劈给人一种泰山压顶、不容置疑的感觉。使用这种手势的人，一般都高傲自负，喜欢以自我为中心。他的观点不容许他人轻易反驳。这个动作的意思是"就这么办""这事情就这样决定了""不行，我不同意"，等等。在日常生活中，我们也常遇到一些领导，在讲话时为了强调自己的观点，把手势往下劈。每当这个时候，听者最好不要轻易提出相悖的观点，对方一般不会轻易采纳的。平常与同事或朋友讨论问题，有人为了证明自己的观点而否定别人的观点，也常用这种手势否定别人的观点。善于识别这种手势语言，有助于我们应对社交场合的各种情况。

8. 手势上扬

手势上扬代表着赞同、满意或鼓舞、号召的意思，有时候也用来打招呼。在演讲或说话时手势上扬，最能体现个人风格，表明演讲者或说话者是个开朗、豪放、不拘于形式的人。

手势上扬是一种幅度比较大的手势动作，容易使人产生比较鲜明的视觉形象。法国前总统戴高乐进行公开演讲时，他的习惯动作是两臂向上。其目的是为了强调他的讲话。手势上扬是一种能显示个人特点、很受人欢迎的手势，可以塑造出一种豪放、大度、有号召力的形象。

9. 攥拳

有时在演讲或说话时，捏紧拳头，则是向听众表示"我是有力量的"。但如果是在有矛盾的人面前攥紧拳头，则表示"我不会怕你，要不要尝尝我拳头的滋味"。其显示的是一种果断、坚决、自信和力量。平时我们听人演讲见人讲话时攥紧拳头，证明这个人很自信，很有感召力。

手是心灵之窗的指向。事实上，人的双手与大脑间的神经关联远多于人体其他部位。因此，手能够更好更准确地表达内心思想和情感，比如在激励团队或与他人交流时，加入手势就能够起到强化表达的效果。

姿态：使你的语言更动听

在我们与人沟通时，语言的内容固然重要，但也不要忘了要根据对方的言行相应地作出肢体上的回应。

小李结婚十年了，在结婚纪念日将要到来的时候，他为妻子准备一份特别的结婚周年纪念礼物。他把目标锁定在两个选择上：一个是最新款的掌上电脑，另一个是可以挂在餐厅的一幅画。

小李到了商场以后，首先来到了电脑区。当时正是上午，这里的人并不多。小李向柜台走过去，一名身穿黑色西装的促销员正在点头微笑。一切进行得还不错，这名促销员开始讲解各款掌上电脑的差异。在作讲解的时候，这个促销员抬起右脚，放在了身边的一个小凳子上。然后，他的身体向右腿膝部前倾。尽管促销员讲解得很详细，但小李还是迫不及待地离开了那里。并不是他对店员的讲解不感兴趣，只是对方这种抬腿的不雅姿势与自己的举止完全不合拍，这让他感到很不舒服。

商场的另一端是个画廊，小李在引起他注意的一幅画前停下来，一副深思的样子：重心落在一条腿上，胳膊弯曲，一只手扶在脸部，一个手指停在了嘴唇边。大约过了一分钟，他发觉有人静静地站在自己身边，和自己一样在欣赏着那幅画，然后他听到一个轻柔的声音简单地说："是不是很不错？""嗯，不错。"小李若有所思地回答道。"如果需要帮助，请告诉我。"他身边那位女士说。然后，她抽身退到了画廊的另一端。不到5分钟，小李就买下了那幅画。

那位促销员介绍得很详细，而这位女士只是简单地说了一句话，为什么小李就决定买下那幅画。答案是，小李只是看到画就感到舒服。那位女士悄悄地走到他身边，使用的是和他一样的身体语言，形成了相同的姿态。她用完美而毫不费力的同步技巧，天衣无缝地与小李进行着交流：55%的身体语言，38%的语调和7%的言语。

在观察中，我们也发现，与陌生人沟通时，在他们逐渐了解了对方的情况后，感觉会很自在。之后，他们的身体姿势就会发生一系列变化，由充满戒备意味的双臂和双腿互相交叉的姿势，逐渐转向开放自然的姿势。在任何环境里，这样的转变过程都遵循着完全相同的程序。

这个转变过程是从封闭的身体姿态开始的，也就是双臂和双腿都呈交叉的状态。当两个人之间的交谈变得比较愉快，相互间建立起了和谐友善的关系时，最先发生变化的就是腿部动作。它们不再保持两腿交叉的姿势，而是两脚并拢，形成立正的姿势。接着，交叉的双臂中处于上方的那只手臂会伸出来，而且在说话的时候手掌还会做出一些手势。尽管这只伸出的手臂还没有完全放开，但已经不再是阻挡对方的屏障。此时，它作为另一只手的支撑，使整个上半身呈现单臂遮挡于前胸的姿势。渐渐地，双臂都放松下来，一只手做着手势，或是置于臀部，也可能是插在裤子口袋里。最后，彼此熟知的两个人都采取稍息的站姿，双臂自然舒展，显示出乐于接受对方的态度。

在公司的销售工作奖评会上，当公司领导对销售经理的管理水平提出急待提高时，与会的销售经理坐在那里臂腿交叉，神态呆滞，显示出种种表示异议和防御性的身体语言信号。十分有趣的是，当这位发言人转了话题，开始讨论经理的作用及其与推销员的关系时，几乎所有的与会者都顿时振作起来，并将腿的姿势变成了一种交叉姿势。显然，这些经理此时对领导的赞评表示认同，心情愉快。

艺术家们通常都是以人的体态作为心理外现的描绘，构成美的特征形式。达·芬奇的名画《最后的晚餐》（以耶稣被钉死的前夜和十二门徒举行的最后一次晚餐为题材）就是通过描绘十三个人所表露的不同神情状态的一瞬间而揭示出其真实内心。拉奥孔雕像表现的是被巨蟒致命地袭击所造成极大的恐慌，也是通过身体所有部位的肌肉运动已达到极限，它们像一块块的小山丘相互紧密毗连，表达出在痛苦和反抗状态下的力量与极度紧张。尤卢娜雕像以大而突出的眼睛显示出王权的骄傲。帕拉斯雕像的眼睛不那么突出，也睁得不大，目光略微向下，似乎在静观之中，这象征着少女的纯洁心灵。而维纳斯的雕像，下眼睑有些向上弯曲，使她微微启开的眼睛以一种诱人的、倦怠的表情，流露出她圣洁的爱心。狄安娜雕像的目光总是置邻近物体于不顾，直望远方，这与她的少女身份、急速行走的姿势和外向型的心理特征是吻合的。

《陌上桑》里说："行者见罗敷，下担捋髭须。少年见罗敷，脱帽著帩头。耕者忘其犁，锄者忘其锄。"通过描绘旁观者看到罗敷后种种忘情的神态，惟妙惟肖地表现了这些人对她美丽姿容的倾慕。再如施耐庵的《水浒传》第八回写道："智深抡起禅杖，把松树只一下，打的树有二寸深痕，齐齐折了……董超、薛霸都吐出舌头来，半晌缩不入去。"想要加害林冲的两个公差，被鲁智深的神勇之举吓呆了，暴露了其猥琐、恐惧的心理。

奥地利作家斯蒂芬·茨威格的小说《一个女人一生中的二十四小时》

中说："贪婪者的手抓搔不已，挥霍者的手肌肉松弛，老谋深算者两手安静，思前虑后者则关节跳弹。"作家出色地描绘了绿色赌台上赌徒们的千姿百态，从中透视出形形色色的人物不同的内心世界。

姿态反映一个人的精神面貌和内心情感，通过人物的神态来了解人的内心世界，是沟通过程中必要的方法和手段。

小动作：看透内心世界的镜子

一个人的真实本性往往通过生活中的小细节表现出来，比如做一些小动作、假动作和下意识动作等，这些动作是在生活中自然形成的。仔细观察这些动作，能够看出一个人的心理活动。

1. 掩嘴

这是一种明显未成熟、还带孩子气的动作。也许说谎者大脑潜意识中不想说那些骗人的话，而导致了掩嘴这一动作。也有人假装咳嗽来掩饰其捂嘴的动作，分散自己的注意力。如果一个和你谈话的人常伴有掩嘴的手势，也许他正在说谎话。当你讲话时，听者掩着嘴，也许说明听者对你讲的话不满意。有时，这种掩嘴的动作可能会以不同的形式出现：用指尖轻轻触摸一下嘴唇；将手握成拳状，将嘴遮住。

2. 摸鼻子

有时，当一个人说谎后，会有一种愧疚感进入大脑。于是大脑会下意识地指示手指去遮捂嘴，但到最后关头，又害怕别人看出他在说谎，因此，只是很快地在鼻子上摸一下。当一个人不是在说谎，那么他触摸鼻子时，一般要用手在鼻子上摩擦一会儿，或搔抓一下，而不是只轻轻触摸一下。

3. 擦眼睛

有些人在说谎时，会以擦眼睛来避免与人的目光接触。对于男人来讲，在说谎时擦眼睛会较用力。如果是说大谎，他会转移视线，如用眼睛看着地板。而对于女人来讲，擦眼睛都是在眼的下方轻轻地揉。

4. 拉衣领

有时，当一个人说谎时，会引起敏感的面部和颈部组织的刺痛感，因而就会用手来揉或搔抓。说谎的人在感到对方怀疑他时，脖子似乎都会冒汗，这时他下意识地拉一拉衣领。

5. 搓耳朵

这种手势暗示着听者没有听出谎言。搓耳朵的变化形式还包括拉耳朵，这种手势是小孩子双手掩耳动作在成人动作中的一种重现。搓耳朵的说谎者还会用手拉耳垂或使整个耳朵朝前弯曲在耳孔上，对于听者来说，后一种手势也是其表示厌烦的标志。

6. 吐烟圈

这类人在与别人谈话时，总是目不转睛地看着对方。他们支配欲望强，不喜欢受约束，为人比较慷慨，重义气。吐烟圈还能看出此人对某种状况是积极的还是消极的态度。一个积极、自信的人多半会把烟向上吐；消极、多疑的人多半会朝下吐烟；由嘴角吐烟，表示此人非常消极或诡秘的态度。

7. 拍打头

这个动作多表示对某件事情突然有了新的认识，如果说刚才还陷入困境，现在则找到了处理事情的办法。拍打的部位如果是后脑勺，表明这类人敬业，拍打脑部只是为了放松一下自己。时常拍打前额的人是个直肠子，有什么说什么，不怕得罪人。

8. 手摸颈后

当一个人用手摸颈后时，一般表明这个人出现了恼恨或懊悔等负面情绪。这个姿势称为"防卫式的攻击姿态"，在遇到危险时，人们常常不由自主地用手护住脑后。但在防卫式的攻击姿势中，他们的防卫是伪装，所以手没有放到脑后，而是放到了颈后。女人伸手向后，撩起头发来掩饰自己的恼恨情绪，并装作毫不在意的样子。

9. 拍案击节

谈话时，一个人用手在桌上叩击出单调的节奏，或者用笔杆敲打桌面，同时脚跟在地板上打拍子，或抖动脚，或用脚尖轻拍，这种节奏并不中途停止，这些都是在告诉你他已经对你所讲的话感到厌烦了。一个人在看书、读报、看电视，尤其是看球赛时突然拍案击节，表示他对故事情节或运动员的某个动作表示赞赏。这类人性格乐观，对烦恼不记挂于心。

10. 抖动腿脚

喜欢用腿或脚尖使整个腿部颤动，有时候还用脚尖磕打脚尖或者以脚掌拍打地面，这种人能自我欣赏，性格较保守，很少考虑别人。然而当朋友有困难时，他会经常给朋友提出一些意想不到的好建议。

一个人在某一段时间内可能会同时发生许多动作，也可能是一个接一个地发生，比如手臂交缠、脚踝交叠以及握紧拳头等一连串动作。沟通时，我们可以尽可能地将自己置身于被观察者的立场，去体会对方的一举一动。

Chapter 06
聪明人是如何演讲的

演讲，或当众讲话，在古希腊被称为"诱动术"，其含义是鼓励听众，传递演讲者的意图。演讲作为一种沟通手段，其作用越来越被人们重视。

当众讲话无时无处不会出现，用好它可以出人头地、左右逢源。在演讲中，说话水平高，就容易打动听众，活跃会场气氛；说话水平低，听众就会缺少兴趣，会场气氛显得沉闷。演讲中那些说话水平高超的人，大都伶牙俐齿，能把各种愿望和意思恰到好处地表达出来。

慷慨激昂，让听众不再昏昏欲睡

一次谈话，一场辩论，一场演讲，一次教学，从头到尾声调保持高亢不行，从头到尾轻声细语也不好，从头到尾平铺直叙，平淡无奇不妥，从头到尾危言耸听也不佳。要使听众自始至终都能精神饱满并有效地接受信息，使讲话、教学和演说获得理想的效果，就要注意说话的语气和节奏。

英国前首相丘吉尔在一篇口才学论文中认真地分析和论证了口才的语言技能问题。他得出结论：口头表达艺术主要有四大要素，而其中占第一位的就是口语的节奏。丘吉尔深谙口才之道，他将"节奏"列在四大要素之首，就是因为他切实体会到口语节奏具有十分强烈、深刻和丰富的表现力。

一般来说，把握节奏有如下语言效果：一种效果是，高亢铿锵的语调催人奋发，快急的语速使人激动、紧张，低沉的语音令人深思和黯然伤神。或者进一步说，快的语速，重的语音，扬的语调，短的句式，小的停顿，凝练的信息内容，刚健的词语风格会表现出兴奋、爽快、高昂、激动和急切的感情色彩，从而使听众不自觉地受到相应的感情冲击和影响，并产生相应的亢奋、紧张或紧迫等心理。另一种效果是，慢的语速，轻的语音，抑的语调，长的句式，大的停顿，松散的信息内容，柔和的语词风格又可显示出安然、从容、平静、淡雅和严肃、沉重的感情色彩，从而又会使听众不由自主地受到相应的情绪感染和影响，并产生相应的闲散、悠缓、恬适、庄重、深沉和悲痛的心理。

在演说中，只要重视并运用语调抑扬顿挫的变化，即使是抽象枯燥的内容也能讲得动听，牢牢吸引住听众；如果不善于运用语调变化，即使是生动有趣的内容，也会讲得单调平淡，使听众昏昏欲睡。这就要求我们必须掌握驾驭语调的技能，以便能淋漓尽致地表达思想感情，增强说话效果。

1. 注重声音形式上的变化

语音就应有高有低，语调就应有抑有扬，语速就应有快有慢，吐字停顿就应有长有短。

2. 注重内容、风格上的变化，多运用修辞等表达手法

信息就应有强有弱，主旨就应有贴有离，文采就应有浓有淡，风貌就应有俗有雅，情与理就应有穿插交错，论述与例证就应能以多种多样的逻辑格式展开。

3. 强调重音

重音可分为语法重音和强调重音。语法重音是显示语句语法结构的，位置比较固定，有一定的规律。强调重音可分为逻辑重音和感情重音。感情重音强调某种特殊的感情，如表露喜怒好恶等所使用的重音。逻辑重音是能突出语句目的、体现逻辑关系、体现感情色彩的关键词句，其具体表现较为复杂，应根据内容予以区分和把握。重音需在非重音的环境中存在并采取适当的方法加以突出，两者必须有机地衔接和过渡，做到和谐统一。

在表达时，重音一般是重读，但也可根据不同的语言环境选择相应的语音变化来突出重音，如压抑气息，用轻声或低声表达，用短促有力的声音表达，用拖长的声音表达等。

4. 把握语速的快慢

快慢指的是说话的速度变化。在这里，快和慢是相对来讲的。说话速度的快慢，与交际目的、表达内容、环境气氛、心境情绪有关。一般来说，说明叙述时，语速稍快；抒情议论时，语速稍慢。紧张热烈时，语速稍快；在幽静庄重或沉闷凄凉的气氛中，语速稍慢。心情激动时，语速较快；心情平静或忧伤时，语速较慢。说话速度的快慢还与人的年龄、身份、性格有关。一般来说，年轻人说话语速较快，老年人则相对较慢；地位较低或身份一般的人说话要快些，职位较高或身份显赫的人则相对较慢；活泼开朗、机智勇敢或鲁莽急躁、狡猾奸诈的人说话较快，憨厚老成、沉着镇静或愚钝迟缓的人说话较慢。

语速变化是表情达意的一种重要手段。速度快，会使人感到急促、紧张；速度慢，会使人感到安闲、平静。恰当地运用语速的变化并结合其他语言技巧，可以渲染场景，烘托气氛，增强言语的节奏和气势，产生巨大的艺术感染力。

5. 有扬有抑

人在说话时，声带拉紧，声音就升高；声带放松，声音就降低。语调的这种高低抑扬变化，就是升降。人在说话时，同一语句的高低升降变化不同，所表达的思想感情和内容也就不同。

语调的升降变化贯穿于整个句子，但在句末表现得最明显。它可分为高升、降抑、平直和曲折四种类型。高升调即句子语势逐渐由低到高，一般表示惊讶、疑问、反诘、呼唤、号召等。例如，冬天来了，春天还会远吗？（表反诘）

降抑调即句子语势先高后低，逐渐下降，句末低而短，一般表示肯定、恳求、感叹、自信、允许、祝愿等。例如，我相信我们一定能成功。（表自信）

平直调即整个句子语势平稳舒缓，没有明显的高低升降变化，一般用来叙述、说明、解释，表示庄重、严肃、冷淡、迟疑、悼念等。例如，他是一个很不错的人，心地善良，乐于助人。（表叙述）

曲折调即全句语势曲折变化，或先升后降，或先降后升，句末尾音特别加重、拖长并造成曲折，一般用来表示夸张、讽刺、幽默、嘲弄等。

语惊四座，观点出新

观点是演讲的灵魂。"喜新厌旧"是听众的普遍心理，因而追求观点表述的创新是演讲者的重要任务。只有创造之花才有永开不败的美丽，观点表述的创新是演讲生命力的源泉。掌握创新思维的方法，提出新颖而富有吸引力的观点，是演讲者水平和实力的真正体现。

1. 旧话新说，让听众耳目一新

同一个观点，可以有不同的表述方法，其中有些说法是听众非常熟悉的。如果演讲者一味地照本宣科，老话连篇，就会使听众兴味索然。在市场经济中常有这样的现象，同一种商品，换上新的包装之后，就能给人耳目一新的感觉，增加了商品的附加值，并能激起顾客更强的购买欲望。同样，在演讲中，把老观点巧妙地"包装"一下，也是观点出新的常用方法。

如联想集团总裁柳传志曾在演讲中说："联想集团培养人的第一个方法叫做缝鞋垫与做西服。什么意思呢？就是培养一个战略型人才和培养一个优秀的裁缝有相同的道理，我们不能一开始就给他一块上等毛料去做西服，而是应该让他从缝鞋垫做起，鞋垫做好了再做短裤，然后再做一般的裤子、衬衣，最后才是做西服。"

培养人才不能拔苗助长，操之过急，要一步一个台阶爬上去，这并非什么新鲜的观点，人人都懂。

演讲者在这里把培养人才和培养裁缝类比，把培养人才的过程描绘为从缝鞋垫到做西服，用一个通俗而新颖的比喻给老观点披上了一件新外衣。内容是旧的，但形式是新的，可谓殊途同归，新意盎然。

2. 引经据典，提升思想内涵

生活中有许多流传甚广的话，如民谣、俗语、谚语等。它们为人们所理解的内涵是相对固定的，如果演讲者能巧妙地借用这些老的形式，并加以"改装"，赋予它新的内涵，就能为在演讲中进行观点创新，找到取之不尽的宝贵资源。只要演讲者能自圆其说且言之有理，就能在听众的认识上达成一种新的和谐。

如一位知名人士曾在演讲中说："对待事业，要有心栽花，花不发，也要栽；对待名利，要无心插柳，柳成荫，也无心。""有心栽花花不发，无心插柳柳成荫"这句俗话的形式和内涵广为人知,这位演讲者借用它,稍作修改,以表明自己的观点,得到了听众的热情肯定。

3. 破旧立新,一鸣惊人

顾名思义,破旧立新就是在否定、破除旧的观点之后,提出与旧观点相反或相对的新观点。虽然破旧立新的难度和风险较大,但只要有言人所未言的勇气,有实事求是的科学态度,就能收到语出惊人、震撼人心的特殊效果。

如一位演讲者在"我们不愿做睡狮"的演讲中说:"有人曾说,中国是一头睡狮,就这样我们被人家当了一百年睡狮,我们也把自己当睡狮自我陶醉了百年。狮子是百兽之王,但一头酣睡的狮子能称得上是百兽之王吗?一只睡而不醒的狮子,一只名义上的百兽之王,并不值得我们为之骄傲。如果我们为这样的言论而陶醉,就好比陶醉于'人家说我们祖上也曾阔过'一样,真是脆弱而又可怜。我们不要伟大的言论,我们只要强大的实力,我们不要做睡狮,只要我们觉醒着、前进着,就比做睡着的什么都强。人家的言论曾是我们骄傲的资本,但仔细分析起来,为一个过去的言论而陶醉或昏睡,于实际又有何益处呢?"

演讲者鲜明地提出"我们不愿做睡狮"的观点,犹如当头棒喝,既促人清醒,又激人奋发。

4. 由此及彼,暗含深意

事物是辩证的,问题总有多面性,但由于我们受认识上的局限性或事物发展过程中的规律性的影响,我们在表达某一观点时往往只知其一,不知其二;或只讲其一,不讲其二。

当然,坚持和强调"这一方面"是应该的,因为它也是正确的公认的观点,但如果我们顾此而失"彼",就会妨碍认识的深入和工作的改进。

因为随着事物的发展，坚持和强调"另一方面"的意义也非常重要。如果演讲者能由此及彼，即在不否认现有观点的前提下，敏锐地发现问题的"另一方面"并适当加以强调，就能达到演讲观点既深又新的目的。

如华为公司总裁任正非在演讲中曾提出一个重要的新观点。"要提倡思想上的艰苦奋斗"，他说，"生活上和工作上的艰苦奋斗，比较容易引起人们的关注，而思想上的艰苦奋斗，看不见，摸不着，难以引起人们足够的重视，正因为如此，有些人就越来越淡化了思想上的艰苦奋斗精神。其突出表现就是身勤脑懒，整天东跑西颠，显得忙忙碌碌，可一旦遇到费脑筋的事，却不肯或不善于下一番工夫去深入思索，因而这些人跑得再勤，也跑不出多大的所以然来……"

唐代韩愈有句名言："行成于思，毁于随。"这句话是很有哲理的，所以我们要提倡思想上的艰苦奋斗，其本质的要求就是要在思想上吃得起苦，深入进行理论思维。以往我们对艰苦奋斗的理解普遍停留在能吃苦、不怕累、出大力、流大汗的层次上，关注点主要集中在生活和工作方面，提倡这一点无疑是应该的，但在知识经济背景下的高科技企业的竞争当中，光讲生活上和工作上的艰苦奋斗是不够的，还应该突出强调思想上的艰苦奋斗。演讲者提出的这一新观点，对市场竞争中的高科技企业来说，其深意和新意是不言而喻的。

5. 由浅入深，耐人寻味

有时关于某一问题已形成结论并被人们当作"定论"广为接受，似乎再也没有思考下去的必要了。但实际情形远非如此，只要我们再往前走一步，就会发现"风景那边更好"。

如索尼公司的创始人井深大曾于1971年出版过一本极为畅销的书《始于幼儿园为时过晚》。当时人们普遍认定：大学教育的基础在中学，中学教育的基础在小学，而井深大则把问题再深入挖掘一层，认为还要重视幼儿园的教育。最后的结论是：不！始于幼儿园也已经太迟。从大脑生理学的角度来看，生下来的婴儿具有100亿个以上的脑细胞，同没有"接线"的计算机一样，在这样的头脑还没有成熟的时候，是否给予刺激，将决定"接线"即组成头脑的形状的好坏。"接线"在四岁时要完成60%，八九岁时要完成95%，十七岁时要全部完成。所以，在幼儿时，如果缺乏良好的刺激是不行的。

这虽然不是一个演讲实例，但从思维的角度来说，对演讲的创新思维无疑是很有启发意义的。

照本宣科、陈词滥调的演讲让人感觉索然无味，而一场妙语连珠、妙趣横生的演讲才会给人留下深刻的印象，博得听众的喝彩和好评。演讲者要收获好的演说效果，可以在演讲辞上下工夫，比如锤炼语句、增强语气和气势等，给人以振奋的感觉。

调动情感，赚取听众的眼泪

说话，是一个传递信息的过程。因此，提高自己的说话信心，增添自己的说话魅力，不全在于说话者本人能否准确、流畅地表达自己的思想，还在于你所表达的思想、信息能否为听众所接受并产生共鸣。

在生活中，有的人长篇大论或慷慨激昂，可就是不能让听者集中精神；而有的人虽寥寥数语，却掷地有声。何故？因为后者了解人们的自尊心，能设身处地地站在对方的立场上，以对方的眼光来观察问题。因此，他们的谈话充满真诚，很能打动人心。

说话者如果感情不真切，是不能打动听众的心的。曾经打败过拿破仑的库图佐夫，在给卡捷琳娜公主的信中说："您问我靠什么魅力凝集着社交界如云的朋友，我的回答是真实、真情和真诚。"可以毫无疑问地说，真实、真情和真诚的态度是成功的说话者的法宝。用真诚的情感、竭诚的态度去呼唤人们的心灵，对真善美热情讴歌，对假丑恶无情鞭挞。用诚挚的心去感动他人，用虔善的灵魂去感化他人。让听者闻其言，知其意，见其心，达到情感上的共鸣，唤起听众的热情，这样就能以震撼人心的巨大力量，发生"共振效应"。

1858年，美国著名政治家林肯在一次竞选辩论中说："你能在所有的时候欺瞒某些人，也能在某些时候欺瞒所有的人，但不能在所有的时候欺瞒所有的人。"这句著名的政治格言成了林肯的座右铭。第二次世界大战期间，年近70岁的英国首相丘吉尔在对秘书口授反法西斯战争动员的讲稿时，激动得像个小孩，涕泪横流。他的这一次演讲，动人心魄，极大地鼓舞了英国人民的反法西斯斗志。

人是感情动物，语言所负载的信息，除了理性信息外，还有感性信息。这种感性信息，内涵十分丰富。其功能不仅要诉诸人的理智，而且更要打动人的情感。白居易诗云："功成理定何神速，速在推心置人腹。"这里的推心置腹就是指话语真诚。所谓真，是指不矫揉造作，不言辞虚浮，能够保持说话人的自我本色；所谓诚，就是真心真意、不掩盖，真情流露。

林肯和美国上议院议员道格拉斯是竞选中的对手。他们曾在伊利诺伊州进行过一场轰动美国的著名辩论。在这场辩论中，林肯不仅取得了胜利，而且获得了"诚恳的亚伯"的称号，道格拉斯却被听众戏称为"小伟人"。道格拉斯是个阔佬，他为了推销自己，特地租用漂亮的专列，车后安放一尊大炮，每到一站就鸣30响，配以乐队的喧闹，声势之大，为历史之最。

他得意地说："要让林肯这个乡下佬闻闻贵族的气味。"

林肯则买票乘车，每到一站就登上朋友们为他预先准备好的马拉车。面对道格拉斯的强大挑战，他以退为进，沉着应战。在一次演讲中，他说道："有人问我有多少财产，我有一个妻子，三个儿子，都是无价之宝。此外，我还租有一个办公室，室内有桌子一张、椅子三把，墙角还有一个大书架，架上的书值得每个人一读。我本人既穷又瘦，脸蛋很长，不会发福。我实在没有什么可依靠的，唯一可依靠的就是你们。"

林肯的真诚首先在不讲排场，与选民拉近距离；内容上，贴近常人之心。谁没有妻室儿女？他却称他们是无价之宝。这是情感认同。租用的办公室，家具少，书架大，符合选民们理想中的总统形象：廉洁，勤奋，富有学识。这样的自我介绍，不无幽默，这是形象的心理认同。最后，不把自己当作选民的救星，而把选民当作自己唯一的依靠，予以得体恭维，从而获得心理的亲近认同。通过这些推心置腹的讲话，获得选民的普遍认同，从而一举获胜。

在话语交际过程中，要使对方感受到情感的真实，说话人的话语一定要受到发自内心的充沛的情感支配。朱光潜先生在论所谓"零度风格"时告诫我们："说话人装着对自己所说的话毫无情感，把自己隐藏在幕后，也不理睬听众是谁，不偏不倚、不疼不痒地背诵一些冷冰冰的条条儿，玩弄一些抽象概念，或是罗列一些干巴巴的事实，没有一丝丝人情味，这只能是掠过空中的一种不明来历去向的声响，所谓'耳边风'，怎能叫人发生兴趣，感动人，说服人呢？"有人说得好，只有被感情支配的人才最能使人相信他的情感是真实的，因为人们都具有同样的天然倾向，唯有最真实的生气或忧愁，才能激起人们的愤怒和忧郁。

正当希腊面临马其顿王国的入侵，而有遭受亡国和失去自由的危机的时候，希腊著名演说家德摩斯梯尼曾经作过一次著名的演说，他的每一句话、每一个词都充满着发自内心的极为丰富的爱国主义情感。他热情洋溢地说："即使所有民族都同意忍受奴役，就在那个时候，我们也应当为自由而战斗。"从这洋溢着爱国热情的词句中，人们看到了一颗真挚的拳拳之心，因而他的演讲激励了无数的希腊人从聆听演说的广场直接奔赴战场，连向家人作一声道别也认为耗费了时光。他的敌人，马其顿的国王腓力见到这篇演讲稿，也不由感慨地说："如果我自己听过德摩斯梯尼的演说，连我也要投票赞成他当我的反对者领袖。"

　　能让对手击掌赞叹，这其中蕴含了多么真挚、奔涌的情感，这强烈的爱国主义情感从心底的火山喷发，产生了惊天动地的力量。

　　由此可见，讲得最顺畅的演讲不一定就是好的演讲。这种演讲虽然流畅优美，但是如果缺少诚意，那就失去了吸引力。如同一束没有生命力的绢花，虽然很美丽但毫不鲜活动人，缺少魅力。只有把你的真诚注入日常交流中，把自己的心意传递给对方，当听者感受到你的诚意时，他才会打开心门，接受你讲的内容，彼此之间才能实现沟通和共鸣。

　　一个人如果讲话华而不实，缺乏真挚而热烈的情感，虽然能一时欺骗听众的耳朵，却永远得不到听众的心。只有讲话时敞开心扉，才会达到语调亲切、激情迸发、内容充实的效果，也就会字字吐深情、句句动心魄。

巧设悬念，激起听众的好奇心

　　设置悬念又称"吊胃口"。它是利用听者的好奇心理，先说出一个发人深思或出人意料的现象、结论，设一"关卡"又秘而不宣，让听者自我猜测思考后才加以分析，和盘托出真情或道理的说话技巧。在演讲中多运用设置悬念的方法，可以激发听众的兴趣和积极性。

我们在表达真正目的之前，先巧妙地设置悬念，使对方开始思考，然后在讲话的过程中给对方一个答案。对方会为自己猜到答案而高兴，或者因为猜错而苦苦思索，甚至与我们展开辩论。

林肯和道格拉斯著名的辩论接近尾声之际，所有的迹象都表明林肯已失败。在林肯最后的一次演说中，他突然停顿下来，默默站了一分钟，望着他面前那些半是朋友半是旁观者的群众的面孔。然后，以他那独特的单调声音说道："朋友们，不管是道格拉斯法官或是我自己被选入美国参议院，那都是无关紧要的，一点关系也没有。但是，我们今天向你们提出的这个重大的问题才是最重要的，远胜于任何人的利益和任何人的政治前途。朋友们——"说到这儿，林肯又停了下来，听众们屏息以待，唯恐漏掉了一个字。

"即使道格拉斯法官和我自己的那根可怜、脆弱、无用的舌头已经安息在坟墓中，这个问题仍将继续存在……"

林肯在这段话中，两次设置悬念。这两次悬念紧紧拴住了听众的心，为他的演说增添了感人的气氛。

设置悬念的方法有很多，运用夸张的体态语是设置悬念的一种非常好的方法。

在做出某种夸张的表情之后，对方会被我们奇怪的问题所吸引。因此，他们会全神贯注地听我们把话讲完，以得出一个合理的答案。

小梁是一个表情很丰富的人，他说话时连说带比划，本来不怎么有趣的事让他这么一说都变得有趣了。因此，他在公司里很受欢迎。有一次，公司让他去见一个客户。临行前，领导对他说，对方是一个很严肃的人，说话时要注意这一点。小梁见到那位客户后，交谈了几分钟，发现对方真的很严肃，没用的话基本上不说。后来，小梁找了一个很搞笑的话题，说到紧要时，突然问对方："您说这是为什么呢？"问完还做出了一个夸张的表情：眉毛高挑，嘴角上扬，双肩耸起，两只胳膊向外展开。对方显然被小梁的表情吸引住了，竟然忍不住笑了起来，说："是不是因为……"小梁微笑着摇了摇头，对方又说："那就是这样的……"

到最后，这个严肃的人也放开了，跟小梁交谈时又说又笑。

我们在跟对方谈话的时候，对方不光会注意我们的谈话内容，而且还会观察我们的表情。因此，我们在做出一个夸张的表情时，对方通常会被吸引，从而会提高交谈的兴趣。

人们还喜欢运用卖关子的方法吸引对方的注意。

故意卖关子，就是在回答他人的问题时，故意给出一个容易使人产生误解的结论，然后再给出一个出人意料的分析和解释。这种方法需要有好的时机，也需要说话者善于伪装，不动声色地将对方吸引住，直到最后，才解开设置的悬念。

有一个导游很善于卖关子，他通常先对游客提起话题或提出问题，激发游客的兴趣，但不告知下文或暂不回答，让他们去思考、琢磨、判断，急切地想知道结果。譬如，参观世界文化遗产——湖北明显陵，游客看到陵前的外明塘往往困惑不解，就着急地问导游到底是怎么回事。导游说："明塘是显陵的独特设置，不仅有外明塘，里面还有内明塘，那么显陵为什么要在陵前设置明塘呢？请大家边参观边思考，等到了明楼我再告诉大家答案。"游客登上明楼后，又急着问为什么，这时导游才告诉游客："一方面，按风水理论，山为龙的骨肉，水为龙的气血，水有防止龙气流逝的作用，于陵前设置明塘，就满足了吉壤中穴对水的基本要求；另一方面，明塘含有龙珠喻义，如果说神道犹如一条旱龙，那么九曲河就好似一条水龙，两龙交汇于明塘，构成了双龙戏珠的奇特景观。"

卖关子是我们与陌生人交谈所使用的一种重要手法，在活跃气氛、激发兴趣等方面往往能起到重要作用。

设置悬念时，有几点需要注意。

1. 不要故弄玄虚

设置悬念问题时应精心选择既能扣住讲话主题，又不为对方所共知的东西，作为设置悬念的依托，同时要选择在对方兴趣正浓时戛然而止，紧紧抓住他们急切想得到答案的心理，使悬念最大限度地发挥其奇异功效。

2. 不要太过牵强地设置悬念

悬念设置要恰到好处，顺理成章，从而达到幽默的效果。否则，"斧凿"的痕迹太重了，给人以虚假之感，或索然无味，这样就不仅不显得幽默，反而使人反感。

3. 不要急于求成

如果你迫不及待地要把妙语趣事说出来，太急于要引起听众发笑，过早地让人知道有趣的"谜底"，就会显得操之过急，太早泄露"天机"和惊奇。由于铺垫不够，火候不成熟，结果也就失去幽默感。

设置悬念须娓娓而谈，不疾不徐，使听众对结果有错误的预期，有一定缓冲思考的时间，然后再一语道破。这种方法能有效地激发听众的好奇心和积极性，使听众在悬而未决中保持全神贯注，直到拨云见日，博得会心一笑。

故意停顿，让演讲更具吸引力

停顿是指在口头表述中，词语之间、句子之间、层次之间、段落之间在声音上的间断。谈话和演讲如果不注意停顿，是无法传情达意的。如果没有适当的停顿，有时会造成表意的错误。同样，好的停顿处理，显示了说话者非凡的智慧。

英国的一位议员在一次关于建筑工人的演讲中，突然停顿，取出怀表，站在讲台前一声不响地看着听众，时间长达20秒。正当听众迷惑不解时，议员说："诸位适才所感觉到的局促不安的20秒，就是普通工人垒一块砖所用的时间。"议员用停顿的方式表现演讲内容实属高超。这是吸引听众注意力的一种有效方法。当时伦敦各大报纸都将此事争相报道。

战斗英雄安忠文在演讲中有这样一段话："我在医院里苏醒过来，第一件事就是睁开眼睛。可是，睁是睁开了，但周围漆黑一片，我喊，我哭……我总算知道了，从今以后，伴随我的只是茫茫的黑夜……。"演讲在这里中断了半分钟左右，听众的眼睛逐渐湿润了，继而传出了女学生的抽泣声。如果这里没有停顿，接连说下去，产生的情感效果肯定会微弱得多。

在演讲时，怎样收到"不鸣则已，一鸣惊人"的强烈效果呢？适当的停顿，会助你一臂之力。停顿若只从内容上讲，也许会被认为是无用，但就像文章需要标点符号，才能清晰明朗，否则生硬晦涩，让人没有兴趣。只要你会巧妙地运用停顿，就可以让你的语言锦上添花。

在口语表达中，与停顿有异曲同工之妙的还有间隔的艺术。说话中的停顿不是真空，言语中的暂时停顿装载着许多想象和智慧的力量。

如演讲使用停顿的艺术一样，戏剧、音乐、舞蹈等，也都非常重视"间隔"的艺术。间隔既可以是无言的赞许，也可以是无声的抗议；既可以是欣然默认，也可以是保留己见；既可以是毫无主见、随意附和的表示，也可以是决心已定、不达目的不罢休的体现。

李燕杰在"德才学识与真善美"的报告中讲道："一位母亲春节到大

学看望儿子，可儿子在实验室里聚精会神地工作。母亲不忍心惊扰他，来到了他的宿舍，发现 3 年来儿子用的被褥基本没拆洗过。母亲很心疼，动手拆洗了被子，又去拆褥子。可是当她把褥子掀起来的时候，泪落如珠。"讲到这里，李燕杰突然停止演讲，一声不响地看着听众长达 30 秒，此时的听众满腹狐疑，不知是何原因使这位母亲泪落如珠，她到底看到了什么？

正当人们猜测不定时，李燕杰又开口说："原来整个褥子底下是一沓钞票……"李燕杰抓住会场听众的情绪，运用适当间隔技巧，使人们既有紧张的"提神"，又有松弛的"休息"，并且能使听众一个劲地往下"追"：褥子底下的钞票哪来的。在李燕杰未给出答案之前，听众的心是紧紧地悬着的，未得到问题的答案之前是不会放下的，他们都有探听究竟的欲望。

停顿在说话中起着表情达意的作用：保证语意清晰明确，不使听者产生误会；强调重点，加深印象；并列分合，使内容完整；造成转折呼应；体现思考判断，给听众领悟和思考的时间；造成意境，令人回味。

总之，在演说中适当地运用停顿技巧，可对听众的思维产生一定的震慑和缓冲作用，给听众思考和回味的时间，可谓是有说有停，动静相宜。

巧妙解围，听众冷场自有方

冷场分为两种情况：一种是在单向交流中，听的人毫无兴趣，注意力分散；另一种是在双向交流中，听者毫无反应，或者仅以"嗯""噢"之类应付。冷场的出现，是发言者的失败，因为此时不能达到彼此沟通交流的目的。

发言者发言时，必须实施控制，避免冷场的发生。处理办法有以下几种。

1. 简短式发言可避免冷场

单向交流中那种应景式讲话，越短越好。如华达商场举行开业仪式，邀请了市内各方面的人士参加。总经理只说了两句话，"女士们，先生们：热忱欢迎各位光临。现在我宣布：华达商场正式开业"。在双向交流中，任何一方都不要滔滔不绝，要有意识地给对方留下发言的时间和机会。自己一轮讲不完，应待对方有所反应后再讲，不要一轮就讲得很长。

2. 及时变换话题，吸引听众注意力

当众讲话遭遇冷场时可通过暂时变换话题的办法吸引听众的注意力。目的达到后，仍要回到原有话题。比如教师在讲课过程中发现学生注意力分散、东张西望、打瞌睡、窃窃私语、在桌上乱画，这时可以暂停讲课，穿插几句应景、时髦、诙谐的话，或者简短地讲个与教学有点相关的故事、趣闻，学生的精力便会一下集中起来。之后，再继续教学。双向交流的话题变换是不定的，可根据现场情况随时转换。比如你与别人谈及今日凌晨看的一场世界杯足球赛，可别人并不喜欢足球，也没有在半夜里起来观看，对你所讲的内容显得毫无兴趣，出现冷场。这时，你就应该及时转移话题。

3. 中止交谈

任何发言者都不愿碰到冷场。但若这种情况出现后，自己又采取了诸如简短发言、变换话题、加强语气等控制手段，仍然不能扭转冷场的局面，那就应该中止交谈。长时间的冷场对交流双方都是残忍且浪费时间的。比如你同他谈足球他没有兴趣后，变换话题他仍无兴趣，就不可再谈下去，这叫做"话不投机半句多"。

4. 幽默解围，重新唤起听众热情

德国社会民主党议员菲利普在议会演讲中，受到其他党派的联合攻击，他以温和的语言化解了危机。当时他们骂菲利普："流氓，反动派的走狗，

闭嘴，滚回去！"但是菲利普语气平和地回答说："谢谢大家的指点，再过30分钟我就要走了，为了填饱肚子啊！"瞬间哄堂大笑。他也就顺利地完成了演讲。

遇到别人有意无意抢白、奚落、挖苦、讥讽，有随机应变能力的人，能运用自己的智慧，化被动为主动，使尴尬烟消云散。"兵来将挡，水来土掩"，你可视不同的对象选择不同的应对办法。

只需三点，像乔布斯一样演讲

今天，很多企业管理者，上台发言讲了半天，结束后观众除了给领导鼓掌以外，都在思考同一个问题：说得真好，可是他刚才都说什么了？我们很喜欢演讲的人，喜欢他的用词，喜欢他的滔滔不绝，但当我们冷静下来想想的时候，我们的大脑一片空白。这是为什么？怎么会这样？大家明明都很喜欢这个演讲啊。

各位一定都听过乔布斯的演讲，可谓非常精彩，尤其是他每一次介绍苹果的新产品时。我们就选一段乔布斯2005年在斯坦福大学的经典演讲，来进行分解，看看他的结构化表达方式。

开篇他说："我只说三个故事，不谈大道理，只是三个故事而已。"

其后，他讲了三个故事。

第一个故事关于因果。主要讲他的出生、被收养、休学，以及去里德学院旁听书法课学习到精美的书法。而这些书法字体在若干年后成为苹果电脑的字库。

第二个故事关于得失。在苹果的发展期，他雇用了斯卡利和他一起管理公司。当发生分歧的时候，董事会站在斯卡利一边，而炒掉了乔布斯。在经历过短暂的失落后，他迅速重新成立 Next 公司和皮克斯公司。而皮克斯公司当时的作品《玩具总动员》很火爆，成为世界上最成功的动画工作室之一。而此时苹果又回购 Next 公司，乔布斯得以重新回归苹果，开启苹果的第二度辉煌。

第三个故事关于死亡。从查出胰腺癌到做手术治好胰腺癌的这段时间里，他对生命有了新的认识。他说："你们时间有限，所以不要浪费在重复他人的生活上；不要被教条束缚，盲从教条就是活在别人思考结果里；不要让别人的意见淹没了你的心声。最重要的，你要有勇气去听从你直觉和心灵的指示——它们在某种程度上知道你想要成为什么样子，所有其他的事情都是次要的。"

最后，他送给所有的毕业生一句经典的话：stay hungry，stay foolish（求知若饥，虚心若愚）。

乔布斯的演讲一气呵成，结构严谨，内容饱满，实在是一篇佳作。

你的演讲为什么雁过无痕？领导者站在台上讲话最重要的目的是要传递正确的信息。而要传递正确的信息，除了素材的选择以外，我建议所有的领导者都要学会用结构表达法来清晰传递自己的观点。

西点军校曾经有一个训练学员的方法叫三点表达法。西点军校的军官会用报纸或其他载体训练学员，比如问，纽约时报今天有什么要点？学员必须回答，今天的纽约时报有三个要点，然后迅速说出这份报纸的三个主要标题。西点军校用这样的方式训练了学员汇报工作只汇报重点的习惯。这种习惯一旦养成，就会变成一种能力。战场上，当一个低级军官向上级汇报军情或上级军官向下级下达命令时，如果内容简明扼要，条理清晰，重点突出，那么这样的能力对战局会有一定程度的影响。如果汇报或命令很啰唆，半天说不到重点，会影响对方对信息的理解。作为领导者，所传达的信息不清楚是大问题，因为目标是否明确对沟通效果影响重大。如果领导者不能把一个观点条理分明地表达清楚，整个部门和团队都会一片茫然。

结合西点训练和乔布斯的演讲，著名管理顾问何晓飞先生经过研究，总结出三三三结构化表达法。

三三三结构化表达法，是指用三个观点（要点）、三个故事（案例）、三个结论，在指定的时间内，将内容说清楚。这样的演讲结构会让自己的发言更具条理性、逻辑性，更加接地气，内容也更加有趣。

其中，结构的第二个部分是讲故事。领导者必须学会讲各种故事，让受众更易于接受和理解。今天不缺乏对信息的搜索，受众更需要的是你对信息是如何思考和如何理解的，否则容易变成会议现场的大话、套话、空话、假话，既浪费时间，也影响演讲者和受众间的信任。

如果你能暗中学会这个演讲结构，那么，下次演讲你将像乔布斯附体那样，惊呆会场里的每一位听众。

Chapter 07
聪明人是如何开会的

一次良好的会议，不仅需要会议主持者具有超强的组织能力，更需要与会人员的配合，在严谨而有序中完成沟通，实现会议的目标。

会议前的准备工作

如何进行会议的准备工作？我们不妨借用西方的 5W 思考方法，提出有关会议的 6 个问题。

1. Why——确定会议目的和目标

召开会议的首项准备工作是确定会议的目的和目标。开会应该有明确的目的。了解各种会议所具有的功能及所能达到的目标，是设定会议目的和目标的重点。

当然，一个会议可能有两个或两个以上的目的，但一般来说不宜过多，以一两个为好。在会议开始之前，主持人应明确提出会议的目的，根据会议目的，还应设定具体的目标。有效的会议目标，至少须符合两个条件：一是具体并可衡量；二是困难但能达到。

2. What——确定议题

设定会议目的和目标只是一个大方向,想把会议开得有效率,还必须拟妥相关的议题。在拟定议题时,有三点值得注意:

(1)议题必须紧扣会议目标。凡是与会议的目的无关的议题都不要列入会议的议程,以免分散会议的主题,从而既延长会议时间,又有可能引起不必要的麻烦。

(2)各项议题之间最好存在有机的联系,且按逻辑顺序排列。只有这样,才能使会议得以顺利进行。会议的顺利进行往往取决于上一个问题的解决。上一个问题不解决或解决得不够彻底,往往会影响下一个问题的讨论和解决。

(3)应清楚地指出各项议题所需讨论的时间。这样可以使与会人员做到心中有数。

3. Where——确定会议场地

在什么地方开会?如何布置会场?这是开好会议的重要选择。

理想的会议室应具备的条件:

(1)必须保证会议使用时间,避免在会议尚未结束时,会议室又有其他安排,致使会议中断或转移地点。

(2)会议室位置必须让主持人和与会者都感到方便。

(3)场地大小须适合会议规模,避免过大或过小。

(4)有必要的设施条件。一般如桌椅、照明、通风、通信等;高级的,如视听、投影、音像器材等。

(5)不受外界干扰。

(6)租借费用必须合理。

布置会场的注意要点:

会议室的布置，因其会议性质与人数的不同，会场可有不同的布置。

（1）剧院型或教室型会场。这种会场可容纳人数较多，但与会者不能面对面。

（2）圆形会场。这种会场适合人数较少的会议，与会者可以互相交换意见。

（3）正方形会场或长方形会场。这是比较常见的两种会场形式。主持人较容易控制会议的进行，但如果桌面布置太长，主持人则难以有效控制全局。

（4）"U"形会场。这是近年来比较流行的会议室形式。它兼顾了圆形、方形、长方形的优点，有利于多方沟通，是一种非常有利于提高会议效率的会场形式。

除上述形式外，还有横长方形，马蹄形等形式，主办方应根据实际条件选择合适的会场。

会议室的布置，有时还要考虑分组讨论的需要，要视具体情况而定。

除了安排桌椅外，布置会场还需要考虑一些细节：若与会者彼此不熟悉，可在每人桌上放上各自的身份牌；若设无烟会议室，可适当安排吸烟区；可以在会议室中放几盆观赏植物，改善会场气氛；准备好会议所需的各种材料、文件及视听器材；用先进的设备，甚至可用"清香空调系统"改善会议室环境。

4. When——选定时间

如何选定开会的时间，也是一项不可忽视的准备工作。

选定会议时间的要点：

（1）要有充足的准备时间。除非是处理紧急的突发事件，一般来说，充分准备是召开会议的必要条件。

（2）要考虑到与会者的工作时间。

（3）星期二、星期三比较适合开重要会议。

（4）除非特殊情况，会议的时间应控制在两个小时内。

（5）明确规定会议的起止时间，在会议通知书上说明，并提醒准时参加。

如何防止迟到：

（1）在会议通知书上注明"请务必准时出席"的字样。

（2）会议召集人应以身作则，务必准时参加，让准时成为一种企业文化。

（3）在会议记录上写下迟到者的名字，甚至予以公布或规定迟到几次将采取惩罚性措施。

5. Who——选定与会者及座位安排

选定与会者名单要注意的因素：

（1）对会议主题有深入研究或对其情况较为熟悉的人，应该被邀请参加会议。

（2）对会议目标及成果起关键性作用的人，必须被邀请参加会议。

（3）对达到会议目标有帮助的人，应该被邀请参加会议。

（4）谨慎邀请对达到会议目标有冲突的人参加会议。请他们参加会议，可以沟通和说明，以免受其干扰。如果主持人没有说服他们的把握，则不应邀请他们参加会议，而应采用会外说服方式，以免会议陷入僵局。

（5）对于善于作出客观判断，勇于表达自己的见解，或有高度沟通意愿的人，应该优先考虑。

（6）与会者的级别应尽量接近。

（7）一般企业会议的与会人数应控制在10人以内。

与会者的座位安排：

（1）以主持人为中心依次排列。

（2）适当分散同一单位工作人员，以利于不同单位、部门之间的沟通、讨论。

（3）性格内向、柔弱的人应安排在主持人的直视范围内，主持人可利用适当机会邀请他们发言。性格外向、能言善道的人则安排在主持人直视范围外，以免这些人大谈特谈，以至于其他人无法发言。

6. How——会议如何进行

每次会议都要安排好进行程序。会议主持人必须按程序妥善地掌握好会议进度，这样才能高效率地开好会议并取得好的效果。一般而言，会议的进行程序大致可分为四个阶段：

（1）开始阶段：主持人宣布正式开会，说明会议的目的及意义，介绍与会的重要人物，提醒与会者注意相关的会议事项。

（2）讨论或报告阶段：与会者在主持人的引导下分别针对会议目标作出报告或讨论。性质不同的会议，有不同的讨论方式。有些会议注重讨论，如对策会议；有的注重沟通，如协调会议。但不管何种形式，都必须紧扣会议目标，切忌离题或流于情绪性争辩。

（3）总结阶段：在与会者充分讨论后，主持人应将各种意见加以整理、评价，作出结论或引导大家进行表决。切忌议而不决，浪费时间。

（4）结束阶段：在宣布散会前，主持人或会议秘书应再次确认会议结论，以取得与会者认同。散会时，主持人应感谢大家的合作。

会议的介绍技巧

会议开始时的介绍技巧十分重要。好的开端等于成功的一半。会议开始顺利，则为会议的成功举行打下了良好的基础。会议开始时，会议主席应尽力吸引与会者的兴趣，满足与会者的需求，调动与会人员的积极性。有时会议成员之间并不相识，这将会影响会议的讨论及进行，所以在会议开始时需要做些必要的介绍。常用的介绍方法有：

1. 自我介绍

与会者分别作一个简短的自我介绍，说明自己的姓名、身份、背景情况等。这种介绍可以是按一定次序进行的，也可以是随意的。自我介绍时，发言人通常应起立、脱帽。

2. 互相介绍

这种介绍将自我介绍与他人介绍结合起来，通常按照座位的次序或按事前编排好的次序进行。

3. 主席介绍

由会议主席分别一一介绍参加会议的人员情况，这一方法适用于会议主席对与会者的姓名、身份比较熟悉的情况。介绍到每一位与会者时，被介绍者应起立、脱帽向大家点头示意，有时也可作必要的补充。

4. 名片介绍

这种介绍是通过与会者相互递交名片进行。名片通常印有姓名、身份等内容，呈长方形，长9厘米~10厘米，宽5厘米~6厘米，男子的可略大些，女子的可略小些。名片的颜色可以是白色、米黄色、浅灰色或浅蓝色，在左上角常用较小的字体写明身份、职务，名片正中用较大的字体印出姓名，左下角和右下角可印出地址、邮编、住址、电话等。

会议的主持技巧

在介绍了与会者的情况之后，主持者应设法使会议进入正题，其方式有两种：一种是比较正式的会议，可以由会议主席或其他重要人物的正式讲话开始；另一种是非正规的、非正式的场合，可由会议主席用一个与会议主题有关的故事或笑话引入正题。当然，这个故事或笑话必须能活跃会场的气氛，最好与会议的主题有联系。

会议是多人进行交际沟通的场合，在开始时营造出一种良好的、适宜的会议氛围对其顺利进行是十分重要的，这就要求会议主席具有较熟练的技巧和丰富的主持会议经验。具体地，可应用如下技巧。

1. 造成"我群感"

这种技巧是从心理上让与会人员对会议有一种认同感，也就是想方设法使与会者有一种对会议群体的强烈归属感。"我群感"对于调动与会者的积极性，承担起其职责，增强会议内部凝聚力，实现会议目标很有必要。会议主席可以在休会期间，与参加会议的人员进行更多的交流；会议主席可以在会议中对此进行有意地强调，比如在讲话中重复使用"我们""我们的""我们这次会议"等术语，使与会者产生"我们"是一个整体的感觉；同时，应尽量避免使用"你们"这样的称呼。另外，可以使用特殊的会议标志（如会议代表出席证、会标等），以区别会议群体与非会议群体。

2. 对所有与会者参加会议的目的进行深入、细致的研究，并加以分组

和归类

会议主席在掌握会议进程时，要注意这些目的是否达到。只有使会议既达到了组织者的目的，也达到了全体与会者的目的，会议才可能获得较大的成功。

3. 处理好会议的显在目标与潜在目标的关系，并在会议中尽快实现近期目标和较易达到的目标

会议的显在目标一般是主席在会议开始时明确、清楚地向全体与会者宣布的目标；会议的潜在目标是会议未公开宣布，但实际上随着会议的进行而逐渐达到的目标。对此，会议主席应始终保持清醒的头脑，并灵活创造良好的会议氛围。同时，会议的目标有近期的、较易达到的和远期的、较难实现的之分。会议主席在安排会议时，应使近期的、较易达到的目标尽快实现。这样会使与会者兴趣增加，并激发其信心，保证会议的顺利进行。

4. 利用与会者的经验、专长

虽然会议开始时，与会者对于会议的情况还不甚了解，但每个成员都有自己特殊的学识、文化、阅历和经验。会议主席应尽力发挥这些潜在因素的功能，让与会人员提出合理化的建议。当然，提合理化的建议可以是口头的发言，也可以是在意见簿上留言。总之，想方设法使与会人员的聪明才智得到充分发挥。

5. 对与会者的错误采取宽容态度

会议成员有时会有不适当的言谈举止。对此，会议主席不宜采取激烈的批评态度，而应尽量宽容。随着会议的进行，相信他们会有所修正和改进，不适当的批评会破坏会议的氛围，使整个会议中的人际关系紧张，从而不利于会议目标的实现。当然，如果个别与会人员别有目的、蓄意破坏，则必须给予坚决的还击，不容他们得逞。

会议进行中的技巧

良好的开端固然重要，但会议的真正成功需要会议主席在会议过程中做出不断的努力，使良好的会议氛围得以贯穿始终。以下这些方法是会议主席经常使用的。

1. 讨论

这是与会者进行交际沟通的主要形式，会议主席的基本责任之一就是鼓励和促进讨论。对于要讨论的问题，不要在讨论之前就规定某种答案，应允许各种不同的意见充分表达出来。参加讨论的成员是平等的，不存在谁服从谁的问题，都应服从于事实或真理。

会议主席在主持会议时，应注意让每个成员都有发表意见的机会。讨论中虽然常有主要发言者，但不能被某几个人垄断，必要时可以限定发言时间。会议主席还应随时把握讨论的方向，使之不偏离主题。在讨论中，切忌发言者之间毫无联系或交流，各唱各的调，问题分散甚至形成小群体。会议主席可以通过一些必要的插话、简短的小结使讨论集中在某一点上。有时，为了保证参加者都有机会发表意见，可以适当限制参加人数或分成小组讨论。分组也有两种方式：一是将专业、素质、年龄相近的人分在一起；另一种是将专业、素质年龄不同的人分在一起。前一种方式有助于使讨论焦点集中，便于形成融洽的关系；后一种方式有助于从各个角度比较全面地研究问题，避免片面性。

2. 提问

主持会议的一项重要技巧是善于提出问题。提问可以吸引全体与会者的注意力，也有助于人们深入思考。在提问时，要注意把握时机，问题要明确具体，切忌语言含糊。例如，当讨论已涉及某个问题但焦点又不十分明确时，及时地提出问题，常能使讨论形成高潮。

提出的问题类型有不同的划分方法，有人将问题分为开放型问题与封闭型问题。前者指没有任何固定答案，由被问者自由回答问题；而封闭型问题是指提问者已设计了两个或两个以上答案，让被问者讨论这几种答案的利弊。还有人将其分为全体问题与个人问题。全体问题指会议主席对全体与会者提出的问题，个体问题指对某一与会者提出的问题。

3. 对不同意见的处理

会议过程中常会出现不同的意见，甚至出现争执，这也是会议不可避免的问题。由于与会者的素质、阅历、观点各不相同，他们对问题的解释也就各不相同。会议主席在处理不同意见时应把握的原则是：避免不必要的冲突，引导不同的意见向会议的主题靠拢。具体可采取如下措施：

（1）会议主席对不同的意见进行深思熟虑后，提出自己的观点。当然，这个观点在提出之前，必须有足够的把握，让与会的大多数人都能接受而结束争论；

（2）对争论双方或各方的观点加以澄清；

（3）分析造成分歧的因素；

（4）研究争论双方或各方的观点，了解协调的可能性；

（5）将争论的问题作为会议的主题之一，展开全面的讨论，以便把会议引向更深层次；

（6）若分歧难以消除，那就暂时放下，按会议议程进入下一项。

会议结束时的技巧

会议主席的另一个重要职责就是及时对会议作总结。不善于总结的人往往会将会议的宝贵成果丢掉或错过宝贵时机。总结实为对会议成果的概括。随着会议的进行，会议主席应及时总结会议成果、成功经验和失败教训。如果会议的目的已经达到，那么应尽快总结并结束会议。会议的进程，主要掌握在会议主席的手里。

其一，对已达成的共识给予必要的重申，让与会人员心中有数。

其二，对最后不能取得一致的不同意见请他们会后再进行沟通或反思，必要时向有关人员汇报。

其三，总结会议取得的成果、成功经验和失败教训。

其四，对有关在这次会议中表现突出的人员给予物质上和精神上的奖励。

一次创意激发讨论会

在某保险公司内，有一个工作小组正围绕汽车保险业务的索赔流程改造问题展开激烈的讨论。

一个小组成员说："我认为应该把那些有人受伤的索赔案同那些没人受伤的案子分开，我们理赔最多的，就是那些有人受伤的案子。"

他邻座的小组成员这样说道："那么，何不依照理赔额的高低来分类？"

他指出，"除了小案子、大案子外，有时，也可能存在人员受轻伤或没受伤却导致大笔财物损失的案子"。

"好，"小组长说，"我们可以依理赔额的高低来决定案子的大小。不过，究竟什么叫小案子？就这么说吧，没人受伤或仅受轻伤，而且财物损失不严重的，就叫小案子。至于其他的，全都算是大案子。如果我们做了这种分类，下一步要怎样？我们该如何以不同的方式来分别处理这两类案子呢？"

"嗯……"对面的女成员说话了，"目前，把间接成本以及其他零杂的花费都计算在内，处理一个小索赔案，其每小时的费用和处理一个大案子的费用几乎不相上下。因此我认为，我们应尽快处理完那些小案子——把那多么的时间花在它们上面，实在不值得。"

"要是我们根本不处理这些小案子呢？"坐在桌旁的一个男成员问道，"如果小于某个金额的索赔，我们全都如数照付会怎样？"

"我不知道，"小组长问大家，"假使我们真这么做，会怎样？"

"我们总得做点事。"对桌的女士这么说。

"让经纪人去办，"桌角的男士接口说，"要是索赔小于某个金额，那就让经纪人去处理。经纪人可以理赔。这样一来，事情很快便能摆平。同时，经纪人与顾客间的关系也会更加巩固。至于我们，根本就不必在那上面花时间了。"

正当小组长将大家的建议概要地写在黑板上时，坐在窗户边上的一位男士突然高声说："让修车厂去处理！"

听到他的话，每个人都将眼光集中在他身上。有没有搞错？按照传统，修车厂和保险公司几乎是"势不两立"。

小组长愣了几秒，终于吐出一句话："让修车厂去处理？真有趣！"

"不错,"那人接着说,"反正修理费是他们开出的,或许我们可以化敌为友,省得顾客动脑筋设法来多要钱。"

这点子疯狂吗?在座的各位心里盘算着:就目前的情形来看,每当投保人的汽车毁损时,保险公司便会指派鉴定员去验车并结算修车费。另外,顾客也自有一套他的估价方案。因此,保险公司与顾客总是为了修理费而争执不休。最后,是谁高兴呢?通常来说,是双方都不高兴。

有个来自推销部的成员说,他认为这个主意并不疯狂。"现在我们给顾客的是什么?"他自问自答道,"是一张支票。不过,顾客真正要的是什么?一辆修好的车!我们不妨把这些索赔作这样的分级。如果投保人并未受伤或仅受轻伤,那么我们便可以告诉顾客,只要把车送到这个修车厂去,他们就会帮你处理。或者更好一些,你甚至可以告诉顾客,这儿有张特约修车厂的名单,选一家最方便的,他们会替你妥善处理的。"

当然,有人问道:"若有欺诈——如修车厂做假账,或者顾客捏造意外以求索赔,情形会怎么样?"紧接着,一连串的讨论便随之展开,而整个计划的框架也基本成型。首先,公司可以委托那些珍惜固定生意,并想维持这些生意的修车厂,让它们负责估价和修理。而这些与保险公司合作的修车厂,要定期接受报价及修车质量的检验。至于对那些不诚实的顾客,公司将审核其索赔及额度是否合理。

"很好,"小组长试着总结道,"这儿有个计划,我们认为或许可行。我们拟定了分级制。假设我们接到一个索赔案,投保人未受伤,车子也仅有一点毁损,而且这位顾客已经多年没索赔,那么,我们便可以假定这个案子不是捏造的。因为其并未涉及太大的理赔额,同时我们将进行统计查账,所以,也相当确定修车厂不会欺骗我们。这样,我们就可以给顾客一张特约修车厂名单。他们若有索赔的车子送修,我们就付账。而这一切,不但能省下一大笔行政管理开销，而且也缩减了顾客索赔的处理时间。"

小组长在黑板上又写了一会儿，然后问大家："在加速处理索赔上，目前是否还有待改进的地方？"

大家都承认，在传统的保险索赔处理中，时间越长被看作是对公司越有利。大多数保险公司在处理索赔时，往往以为理赔越慢越好，因为这样他们便可以充分调度资金做其他投资以获得更多的利润。

针对这一点，小组长问道："我们为何要加速理赔？"问毕，他环视在座的成员，有个坐在侧角始终未发一言的人开口了。

"我来告诉你为的是什么，"他说，"因为这么做可以让顾客离律师远些。就整个汽车保险业来说，统计数字显示，只要有律师插手，其理赔的金额一定比没有律师插手的多出好几倍。"

"顾客什么时候最可能去找律师呢？"那人有点夸张地说，"就是一开始的时候，你碰上车祸，打电话给保险经纪人。你当时又紧张又气愤，一肚子不高兴。没错，经纪人是记下了一堆资料，但是又怎么样，还不是一点眉目也没有。而我们呢，则用一周左右的时间展开复杂的公文旅行。至于索赔者呢？其根本就无法得到音讯。这也难怪他们会找上律师！"

"在开始的那些天里，究竟发生了什么事！"小组长提醒其他成员，"那些报告，或许搁在篮子里了。我们总得找对索赔代表，不过，他们可能度假去了，要不然就是在忙别的案子。虽然事情正在处理之中，但顾客却观察不到。结果，我们出力不讨好，换来的却是额外的索赔费。好了，我们若想加快这个流程，该做些什么呢？"

于是有人提议，公司该设一条免费服务热线，并广为宣传，鼓励顾客有问题就打电话来。另外有人建议，公司应该设个意外调查小组，24小时轮班待命。还有人说，公司应该试着与警方的通信系统连线，随时掌握车祸报告。

"很好，很好，"小组长边忙着将这些意见记在黑板上，边说，"这主要的思想就是，要尽快得知车祸的发生，并将索赔案分类处理。简单的案子可让保险经纪人去理赔，或者让顾客将车子送到修车厂去。对那些我们无法迅速脱手的案子呢，我们该怎么办？谁有什么主意？"

经过一阵沉默之后，有个年轻人说："我对保险知道得并不多，但我认为有个惯例似乎要打破。这就是，除非公司确定了是谁的过错，否则是不会为索赔者做什么的。从顾客的角度来看，我认为这规则应该是——先处理索赔，再决定是谁的错。"

"说得好，"小组长鼓励地说，"要是我们干脆省掉这条规则如何？我是说，或许我们根本就不需要一个孰先孰后的规则。事实上，我们可以同时进行两件事——一边处理一边索赔。"

"等等，等等！"另一名小组成员喊了出来。他对公司可能做"冤大头"颇不以为然。接着，大家便展开了又一番讨论。最后大家普遍认为，公司或许会白付一些钱，但在大多数的情况下，这却可以从其他保险公司夺得顾客而补回来。此外，如果加速理赔能减少诉讼案件，那么整体而言也还是划得来。

小组长继续问道："这当中，从索赔者的角度来看，还有什么问题？"

有人回答："没发生接触。"

"什么意思？"

"我们可能正忙着处理理赔案件，可是索赔者还是会认为我们什么也没做。"

"假设你是索赔者，"小组长试图激发大家的兴趣，"你躺在医院里，伤口疼得要命，心里还挂念着不知车子撞成什么样子了。这时，你有什么感觉？坏透了？而我们该做些什么呢？"有一名成员半开玩笑地说："派个人来握你的手。"

"对了，"另一名成员说，"更概括地说，我们的目标必须改变。目标不该仅仅是签张支票，同时还要让顾客高兴。"

于是，小组长问道："我们要怎么做到这一点？"

刚才发言的那位成员答道："解决他们的问题。"

小组长问道："怎么解决？"

有小组成员指出，目前保险公司所做的，是在顾客修车期间为他们付租车费。他提议说："如果顾客来电话说他的车子毁了时，我们便说'哎呀，那太可怕了。一个钟头内，我们会开辆代用车到你府上'。顾客对此自然是受宠若惊。由于我们交给他的或许是辆中型车，而不是他可能去租的林肯轿车。因此，我们每天并不需要付出30美元，相反只要花10美元就够了。顾客得到了关怀，我们则省了钱。"

接着有人说，还有件事是他们不曾注意到的。那就是，在一场车祸中，另一方——可能是受害者抑或肇事者——所投保的是另一家保险公司。在这次意外中，她的车不仅全毁，更惨的是，她头部和背部都受了较严重的伤害，正躺在医院里。这位小组成员分析说："在这个关头，我们尚不知道她是不是我们的顾客。这时，公司该做什么吗？"

"去做她的朋友，"另一位成员接口说，"躺在医院里的病人，这时最需要的是，我们公司派员探访。表面上看，我们传达给她的是关怀与同情。其实，潜藏的信息则是——别告我们，如果她是我们公司的投保人。即使目前不是，或许正因为我们这次伸出温暖的手，她会从此成为我们新的顾客。这样一来，既避免了诉讼的发生，又增扩了销售良机。"

小组讨论继续下去。在七嘴八舌的议论之中，有人提出对大的案子要创设一个叫专案经理人的职务，由他全面负责与这个案子有关的一切事宜……

（本案例系根据迈克尔·哈默和詹姆斯·钱派著的《再造公司：企业革命的宣言》一书有关材料改编而成）

松下幸之助与热海会议

松下在经营方面，有一种动物性的本能。他提出第一个5年计划的时候，也并不是以各种数字为依据的，如果对各种数据进行分析，就不会提出那样的计划。

松下在1964年的危机中所采取的危机管理方针，完全是一种本能的表现。

可是，从1963年至1964年，不仅是松下电器，而且是整个电器行业都面临着重大的转折。

20世纪50年代中期，电视、洗衣机、电冰箱被称为"三种神器"。而且在60年代初，黑白电视机普及率已达91%，洗衣机为64%，电冰箱为46%。特别是被称之为"家电之王"的电视机，已趋于饱和，其他产品销售也处于停滞不前的状态。尽管如此，借东京奥林匹克运动会的声势，生产厂家按以前的速度继续生产，其结果就造成产品在批发店、小型销售店堆积如山的状况。

1964年7月9日傍晚，松下电器全国的营业所长和销售公司、代销店的总经理约270人，被召集到热海的新富士屋饭店。

被召集来的销售干部、销售公司的总经理们，面面相觑地互相打听："今天究竟是什么样的集会呢？"但是没有一个人知道这次集会的真正目的。

虽然名义上是座谈会，但看到总公司的会长、总经理以下的所有干部都来到会场，大家都预感到这一定是一个很重要的会议。谁也不清楚会议究竟要开几天，大家心里忐忑不安。

闻名于世的热海会议于次日起进入了实质性的阶段。上午9时，首先由松下幸之助会长致辞。

"我自三年前担任会长以来，过着非常幸福的生活。每周去公司一次，公司里的事管少了，其他方面的工作增多了，可以说对社会作出了贡献。我自己认为生活十分充实。在此期间，公司发展得很顺利。大家辛苦了。

但是，最近一段时间，情况并不理想。虽然我辞退总经理之后的一段时间内，公司的情况不错，但是最近听说在销售店中，经营非常困难的逐渐增多。最初，我认为出现几个效益不好的商店也是难免的，只要能认真地经营就一定能生存下去。现在看来，事实并非如此。

大家一定对松下电器公司不满。我们也有官僚作风。

今天，希望大家畅所欲言，我也亮出自己的看法。在得出结论之前，无论开几天，直到有了结论才能散会。总之，要同大家开诚布公地交换意见，渡过目前的危机。正是为了这个目的，才把大家召集到这里来。"

听了这样的致辞，销售店的人们都感到非常吃惊。

——无论开3天，还是开5天，时间不限，直到谈出结果为止。每天紧张的工作都不能摆脱困境，现在居然要花费这么长的时间开会，究竟要干什么呢？

与会者的心中都产生了这样的不安。

6月之前的某一天，松下电器召开了全国营业所所长会议。松下幸之助专门出席会议并作了如下的发言。

"从两三个代理店得知，松下电器的销售网，面临着公司创建以来的危机，代销店接连倒闭，赊欠资金已达数十亿日元。

从数字上看，赊欠款已突破 1 000 亿日元，这相当于本公司月经营额 200 亿日元的 5 倍，这是一个极大的数字。对此，我认为诸位有些过于轻视，认为这只是一部分销售店的责任。

但是，我认为这对于松下电器来说，可能会成为致命的问题，必须认识到这个问题的危险性。仅仅采取补救措施，已经不行了，必须考虑如何进行彻底的根治。"

虽然是内部会议，但在 6 月份的时候，松下已经谈到了这个问题。因此，在热海会议开始之前，公司内部干部已经很清楚这次会议的意图。

而且，松下自身也是下了极大的决心来参加这次会议的。

尽管如此，"花费了三日或五日之说"，不仅是销售公司的总经理，而且公司的干部们也感到极为震惊。

7 月 15 日星期五，如果三天能开完会，将于星期日结束。如果开 5 天的话，下星期才能结束。

与会者们在这之前，已将这几天的工作日程安排得满满的。这样一来，这些日程安排将会被全部打乱，特别感到为难的是与客户的约定。

——这种时候，我们理当为推销商品而四处奔波，可是现在却让我们开这种马拉松式的会议，究竟能起到什么作用呢？

可能当时谁都有这种想法。

松下继续说：

"这次会议的内容保密，我们是同事。如果真的有了赤字的话，请坦率地讲出来。然后我们面对面地商讨，请你们也将松下的优缺点毫无顾忌地讲出来。

如同人经常会生病一样，企业也经常会生病，及早发现极为重要。今天，大家一起进行诊断，设法找到病因及治病良方。

但是，我并不认为这是致命的危机。广岛、长崎遭到了原子弹袭击，受到了毁灭性的打击。

现在广岛、长崎已经摆脱了战争的阴影，日益繁荣。这是受了创伤的市民齐心协力重建家园的结果。

我们的公司并未挨原子弹袭击，但是从各位反映的内容可知，我们正处于极其严重的困境中。我相信经过大家坦诚交谈，出谋划策，一定会开拓出一条新路来。"

致辞结束以后，所有到会的销售公司的总经理们，领到了松下亲笔写的彩纸信，纸上写的是"共存共荣"。据说松下为写这些信，花费了一周的时间。

与会者的胸前都戴了绸带，会议服务人员为松下戴上了特大的绸带。

"给我戴上比客人大的绸带，这不失礼吗？"松下这样训斥了服务人员。这是会前的一幕小插曲。

当天下午，很快开始了答疑。采取的形式是想发言的人举手，由会议主持人指名，松下幸之助逐一回答了所提的问题。

销售公司的总经理们争先恐后地站起来，阐述自己的意见。最初他们还有点紧张，有所顾忌，随着时间的推移，对松下总公司不满的声音逐渐高涨起来。

"新产品虽然接连不断地上市，但只是在外形上稍有变化，不能给人以耳目一新的感觉，这就是造成库存积压的原因。"

"被称为金融品的商品上市后，以比我们进货还要低的价格销售，这样，我们的东西就很难卖出去。"

"回扣越来越少,我们的利润几乎为零。"

"松下营业所的职员太多了。"

"随心所欲地把零售店转让给剧场等,销售公司的干部们也不去照管,这和游山玩水有何区别?"

这时,对总公司的不满接连爆发了出来。松下在听了这些意见后,不紧不慢地说:

"诸位由于经营出现赤字而忧虑,这一点我充分理解。虽然我很同情大家的困境,但也希望你们自己坚强些。

我对各位大力协助松下公司表示感谢,但如果只由于以上种种原因而出现赤字,我感到很为难。大家想一想,各位是否忽略了因你们自己缺乏自主性而经营恶化的基本原因呢?不要只抱怨松下电器的做法不当,听信了松下这种做法而导致了经营恶化。如果你们认为我们的做法不当,当我们把商品推销给你们的时候,你们应以强硬的态度直截了当地说:'这是没有用的商品,无法接受。'"

事实上,松下在回答问题时,以强硬的口吻训斥销售公司的场面屡见不鲜。

"你们掌握每天的销售额吗?掌握的人请举手。"

于是有几个人举起手来。

"现在举手的人一定是盈余经营吧!我任总经理时,每天都预算一下销售额,与以后的报告数字基本吻合。连每天的销售额都不知道,这怎么能行?"

他又对其中一个人说:

"你尿过血尿吗?从前人们说烦恼、痛苦到了极点的人才尿血,我就有过多次尿血的经历。"

那天松下最后说道:"如果代销店的经营上有了困难,你们作为老板,可以随意调动松下电器的职员。希望你们有这种意识,努力工作。"

由此可见,这一天,松下是采取了攻击性的姿态。但是,次日他的态度却有了180度的转变,这是松下独特的笼络人心的战术。

7月11日,也同会议的前一天一样,销售公司的总经理们的抱怨接二连三提出,由于前一天松下的强硬口气,如火上浇油,导致对松下的批评更加激烈。

这时,松下还是认为,虽然松下也有不当,但销售公司经营恶化的根本原因,是独立自主的精神不足造成的,并以此为依据进行了反驳。

于是,反击总公司的责难的呼声更加高涨,会场上群情激奋到了极点。松下的自主经营论调,使会议难以收场。会场中总公司的职员们以焦虑的心情关注着这场争论。

最后,会场的喧嚣声达到了顶点。松下举起手要求发言,得到了主持人同意后,站了起来。此时销售公司的总经理们发出的近乎怒吼的指责声,长时间未能平息下来。

"从昨天起,我听到了诸位在经营上不顺的发言,同时我也发表了措辞严厉的讲话。但是至今为止,听到各位发言之后,我终于明白了,造成这种不良状况的所有原因,都在于松下电器。"

一直保持攻击姿态的松下,态度突然来了个急转弯。于是,会场内逐渐平静下来。

"包括我个人在内,松下电器的傲慢,是这次危机的真正原因。我们几乎忘记诸位长期以来对我们的爱护,我深切地痛感必须找回创业时的精神,实在是对不起……"

松下的声音突然哽咽了,销售公司的总经理们瞪大眼睛,凝视着松下的脸。松下流下了眼泪，他从口袋中取出手绢，捂住了眼睛。

刹那间会场上充满了肃然的气氛。

松下接着说：

"大约30年前，我们生产电灯泡，到诸位的公司去，拜托各位代销。由于是初期制作的产品，绝谈不上是品质一流的电灯泡，但我希望能以超一流的商品卖出去。

最初对于我们这种几乎是无理的做法，大家都感到非常为难，但我恳请大家'一定把它当成首屈一指的商品'。大家都说，'既然这样，我们替你卖'，于是开始销售我们的产品。由于大家的帮助，才使松下电器得到了迅速的发展。

回忆往事，松下电器能有今天，全是托各位的福，本应永远铭记在心中的大事，我却差点忘记了，实在对不起。

我们将从根本上改变想法，包括交易条件在内，立足于报恩之心，进行彻底的改革，从头做起。今天的困境，是由于我们松下电器的信念不坚定和考虑不周所致。在此，我发誓一定要予以改革。"

在发言的过程中，松下多次说不出话来，用手帕拭泪，真可谓声泪俱下，会场的各处也传出了抽泣声。松下的发言一结束，大家都红着眼睛，报以热烈的掌声。

"我们同松下之间的关系，绝不是用金钱维系的关系，是用更深厚的友谊联结的。我们一直指责松下，现在听了会长的话，使我感觉到我们也有错误。各位先生，让我们齐心协力，共同奋斗吧！"

一位总经理呼喊似的说完后，又响起了雷鸣般的掌声。会场上出现了这样的场面：两天前还互不相识的总经理们相互握手，互相鼓励，共勉奋斗。

于是，历时三天的波澜起伏的热海会议，在极为感人的气氛中结束了。

热海会议以声泪俱下的场面落下了帷幕。然而，松下召开这次会议的真正意图是什么呢？

这如同一个身体欠佳的人来到医院看病，医生诊断后告知病因，使患者认识到自己生病了。

如果仅仅是医生和病人间的关系，只要让双方分别弄清问题的症结就可以了，但松下这样庞大的企业，其拥有两万个销售店（小卖店），仅集结于热海的全国的销售公司及代销店的经营者就有270多人。

在这种情况下，患病的不仅是患者，患者有病，医生也有病；反之，医生有病，患者亦会生病。两者之间存在着相互作用的现象。

一艘大船在海中航行时，如果船长判断失误，下达错误的命令，船会向错误方向行进得越来越远。途中发觉后，再向各司其职的众多船员下达转向的命令，此时如果不能得到全体船员的一致协助，是无法修正航向的。

松下担心的正是这一点。为了使全体船员理解错在何处，身为船长，首先必须坦率地承认是自身判断的失误，使大家了解航线出现了偏差，寻求全体船员的协助——热海会议的真正目的大概就在于此。松下在最初采取进攻的姿态，是要把全体与会人员的注意力集中于一点而采取的一种作战方式。

眼看当全体与会者都对松下总公司大为反感时，松下突然在态度上来一个180度的大转弯，使得与会者极度愤怒的情绪烟消云散，取而代之的是感动。

这可以说是笼络人心的高超手段，而且丝毫不露破绽，松下的本领由此可见一斑。当然，若无诚意，是不会采用这种方式的，松下的发言并没有说谎。但是，即使有诚意，也需要笼络人心的技术，需要忍耐。他生动而成功地演出了这一幕。

热海会议成功了，但松下的工作并未到此结束。他亲自出马实施对销售公司总经理们许下的承诺——这是松下的经营手腕的过人之处。

热海会议结束后的 7 月 15 日，立即以松下幸之助会长的名义，召开了全国营业所所长紧急会议。在会上，讨论了热海会议的意义与公司值得反思之处，决定今后每月召开一次营业所所长会议，研讨具体的销售改革方案，以此为基础进行改革。

实际上，新的销售制度予以实施是在第二年，即 1965 年 2 月 21 日。在此期间的 7 个月中，共召开了 10 次营业所所长会议。

热海会议后不到一个月，即 8 月 5 日，宣布了松下会长兼任"营业本部代理部长"的决定。松下出席记者招待会时，表情显得格外平静。

"由于营业本部部长身体欠佳，长期缺勤，所以暂时由我担任代理部长。怎么说呢？我们公司在发展，工作越来越多，把隐居的老头儿也请出来帮帮忙吧，就这样我被拉了出来。"

当然，这是松下特有的幽默，为了把重大的事情淡化，而故意"装傻"。

已经退居二线的会长兼任营业本部代理部长，这是前所未有的事，而且自己负责的是大本营所在地的大阪地区。

（本案例选自《危机管理的经营之神：松下幸之助》[日]针木康雄著，毕晓白译）

Chapter 08
聪明人是如何谈判的

  谈判,是现代社会无时不在、无处不有的现象,也是各类组织和公众为双向沟通和达到某个特定的目的而采取的手段。所以说,谈判是人类生活中不可或缺的社会行为和交往活动。世界就是一张谈判桌,我们随时都有可能是这张桌上的谈判者。因此,研究沟通,必须研究作为沟通手段之一的谈判。

  从战略意义上讲,谈判的策略选择有两种方式:双赢式谈判策略和以战取胜的谈判策略。

  谈判战术是各种谈判技巧的组合,是实施谈判战略时所选择采用的具体方法或手段。而各种谈判技巧真正来源于谈判实践,它是谈判者必须通过训练而掌握的基本技能。初出茅庐的谈判新手,往往只会在战术上使用有限的几招,而谈判高手则能使用各种手法来实现自己的目标。

  谈判战术可分为两类:攻势策略和防御策略。攻势策略在于采取和保持主动。防御策略不单纯是与攻势策略相反的策略,而是发动反击的跳板。因此,两者都与主动性有关。

  本章分别讲述上述战略和战术。

双赢式谈判策略

双赢式谈判，是一种合作性的谈判方式。双方都在努力达到一个都愿意接受的处理结果。如果把双方的冲突看作是能够解决的，那么就能找到一个创造性的解决方法，从而加强双方的地位，甚至会增进双方的感情。双赢式谈判的出发点是，在不损害别人利益的基础上，取得我方的利益，因而又称为"谋求一致法"或"皆大欢喜法"。

双赢式谈判策略主要涉及四个要点，这四个要点在整个谈判过程中都十分重要。只有把握这四个要点，才能与对方进行很好的合作，从而使谈判得以圆满结束。

1. 将人与问题分开

谈判的一个基本事实是：与你打交道的不是对方的"抽象代表"，而是人。但实际上这个事实常遭到忽略和遗忘。双方难以预测的自我形式、价值观及不同的背景与观点，可能给谈判带来推动力量，也能带来阻力和障碍。谈判中由信任、了解、尊敬和友谊所建立的工作关系，可使谈判更为顺利和有效。反之，会致使谈判破裂。因此，将人与问题分开，是双方共同获胜的主要方法之一。为此，可采取如下具体措施。

（1）建立相互信任的合作关系。这应该是谈判最基本的前提。谈判中的任何欺骗一旦暴露，不仅会严重地损坏自己的形象，使自己处于被动的地位，而且可能会使谈判无法继续进行下去。

（2）对事不对人。有效的方法是：双方把自己和对方看成是同舟共济的伙伴，而不是看成对手和敌人，携手寻求共同有利的条件。也许这一点在谈判的过程中很难真正做到，但我们在心中可以这样认为。

（3）处理好"看法"问题。解决看法分歧的关键，不在于验证事实，而是寻求解决方法的那种"现实"。

（4）处理好"情绪"问题。良好的"情绪"也是谈判成功的一个影响因素。虽然谈判主体代表着各自的组织利益，但他们实际上具有一定的灵活性。这种灵活性究竟如何运用，以及在何时运用就取决于谈判的当事人。而良好的环境和情绪对此有很大的影响。

（5）处理好"沟通"问题。谈判实质上是为达成协议而进行的一段有来有往的沟通过程。只不过这里的沟通因双方对利益的坚持而十分困难，因此需要耐心真诚。

2. 将重点放在利益上而非立场上

谈判中经常出现的情况是，双方固执地站在自己的立场上，互不让步。立场是具体的、明确的，是谈判者为了达到他心目中的目的或利益而作出的行动准则。但谈判的基本问题不是立场冲突，而是双方需要、利益与恐惧的冲突。因此，处理谈判对立的明智之举是调和彼此间的利益而非立场。

（1）确认利益。利益是隐蔽在立场背后的决定因素。因此，必须在加以确认的基础上，才能设法对其进行磋商，进而求取满意的方案。

（2）磋商利益。谈判的目的在于彼此满足自身的利益与需求。若能就利益而沟通，定会增加彼此满足的机会。

3. 构思双方满意的方案

谈判的预案很重要，一般的谈判都是建立在事先拟订的预案的基础上。如何进攻、如何让步绝不是头脑发热的一时冲动，而是对预案有深刻的了解和领会。所以，构造一个或一系列的方案是十分重要的。为了提出创造性的选择方案，必须做到以下几点。

（1）将"构思"与"决定"分开。只有充分的构思，才会形成理智的选择，而过早的判断与定论势必遏制"想象力"。谈判者不应着手于寻求最佳方案，而应极力开拓谈判的空间——由各种各样的建议构成的构思世界。

（2）扩展备选方案。一是根据已提出的某一优良选择方案，促使人们追踪获得这一方案的根源，然后再利用这一理论探索出其他的选择方案；二是从不同专家的角度探讨，这样可产生多种选择方案；三是拟出不同"强度"的建议；四是改变协议的范围，可将问题分割，从局部出发，也可以把主题扩大，增强某项协议的吸引力。

（3）寻找双方有利的解决方法。一是确认共同利益；二是契合分歧的利益。圆满协议达成的根源在于，双方所要求的是"不同的"东西而构成共同的利益。

（4）创造对方易于决定的条件。一是"帮助"对手做决定，比如给对方一定的回旋空间；二是注意"决定"的内容，注意不能太伤害自己的利益；三是多提建议，少施威胁。建议可使对方开拓思维，多想办法；威胁则会激起抵触和反抗情绪。

4. 坚持客观标准

运用客观标准需要解决两个问题：一是如何确定客观标准；二是如何在谈判中运用客观标准。

（1）确定客观标准：一是公平的标准——可以作为协议基础的客观标准有很多种，如市场价格、先例、科学的判断、专业标准、效率性、成本、法院的可能决定、互惠原则等；二是公平的程序——为了得到一种摆脱意志力较量的谈判结果，可以应用客观标准去处理实质性冲突，用公平的利益去化解双方的利益纠纷。

（2）运用客观标准：一是每个问题都要由双方共同寻求客观标准；二是要用理性来决定哪种标准最合适及如何使用此标准；三是绝不屈服于压力；四是坚持原则立场。

以紧逼取胜谈判策略

以紧逼取胜的谈判，是一方牺牲他方利益来取得己方的胜利，其目的在于击败对手。采取这样方法的危害性在于：一是失去了对方的友谊；二是失去了将来与对方开展更大业务往来的机会；三是会遭到对方的反击，甚至首先发起的一方会被打败；四是由于对方被迫屈从，所以不大可能积极履行协议。其危害性是如此严重，因而谈判高手很少使用。但在以下两种情况下，争斗不会造成很大的损害：第一，一次性谈判；第二，买卖一方实力明显强于另一方。不过，即使自己处于较强地位，也不宜采取这种强权策略；对于反方来讲，则要做好准备，防止对方采用此法，并做好反击的手段与对策。

1. 以紧逼取胜的方法

"以紧逼取胜"的谈判者为了实现自我目的——自己取胜而让对方失败，往往采用强有力的方法，即通过自己的行动和各种策略，来加强自身权力。他们设法寻找各种获取利益的机会，在谈判过程中不断要求得到好处。其战略是采取强权的方法，以任务为中心，只考虑自己的特殊利益，而绝不考虑对方的荣誉、尊严和他们间的感情等，这是这种谈判策略的本质。

"以紧逼取胜"者最关心的是，把谋求的胜利建立在谈判的冲突阶段

（实际上是磋商阶段的特殊称法）。也只有在这一阶段，他们才有获胜的空间和余地。

"以紧逼取胜"者熟悉各种策略与技巧，并深知对方的心理。其手段应有尽有，所以他们总是不时露几手。

其使用方法可以概括为：

（1）在开始是走极端的，不给对方留空间。谈判开始时，要求很强硬，提议很极端，不给对方讨价还价的余地。目的是为了降低对方的期望程度。

（2）有限的权力。参加谈判的人，没有或几乎没有做决定的权力。决策权掌握在谈判人员背后的人手里。一方有权力达成交易，而对方必须请示某个未到场的上司。这样一方做出让步；而另一方什么也不能决定。为了求得进展，一方只得不断杀价，而另一方正在静静地期盼着这种结果。

（3）感情战术。利用感情的暴发来控制对方。有时脸色变红，提高嗓门，怒不可遏，生怕对方占了便宜。有时怒气冲冲地退出会场，以示威胁。总之，使用感情战术者，利用了人们的同情心和善良的性格。

（4）先取得，后让步。在给予对方之前，先从对方那里获得好处，且尽量使对方首先让步，而自己不做相应的让步。

（5）不考虑截止期限。时间是谈判的重要因素。"以紧逼取胜"的谈判者不考虑谈判的截止期限，似乎时间是无所谓的。虽然一切按时开始，但谈判时间好像可以无限制地延长，似有不达目的决不罢休的架势。

此外，还有其他的强硬手段。如在会谈记录上做文章；走上层路线；甚至采取行贿、讹诈、窃听等手段。因此，必须提高警惕。

2. 以紧逼取胜的反措施

对于以紧逼取胜的策略，必须制定周密的应对办法。常用的办法主要有：

（1）阻止进攻。对付对方最有效的方法是在他企图发起进攻之前就加以阻止。为了做到有效地阻止，就必须在开始阶段做到以下方面：尽量回避其开场时的提问；不被对方试探问题所牵引；等等。

（2）控制谈判局势。要在谈判中占据主动，掌握谈判进程。为控制谈判局势就必须做到诸如规定谈判程序的形式和计划；准备做出让步；把谈判面铺得广泛些等。总之，要始终掌握住谈判的进程，把握住应该谈的议题和谈判程序，要遵循计划。

（3）针锋相对。与对方进攻策略相适应的我方可以使用，如先取得后给予；以诚意换诚意；对方发怒，就停止谈判等策略。此外，在与对方周旋时，还要注意扩大自身的影响力。

（4）因势利导。不要直接抗拒对方的力量，而要把这力量引向对利益的探求，引向对彼此有利的方案。

（5）邀请第三者。当无法和对方进行原则性谈判时，可以邀请第三者出面进行调解。

（6）直接摊底。明确地告诉对方自己让步的最大范围，让对方不要心存幻想。

谈判攻势策略

攻势策略主要有提问、施加压力、采取武断行为等方法。

1. 提问

提问是一种非常流行的谈判技巧，在谈判中有十分重要的地位。提出问题可能是为了不同的目的，有时是为了获得信息，有时是为了回避回答问题，拖延时间，也有时干脆是没话找话。

提问有很多种方式，通过提问可以把握场上的主动权，向对方发起攻势。

（1）试探性问题。谈判者第一次使用提问方式是作为试探对方防御的一种方法。在对方的主张中发现一个弱点，并为了在发动大的攻势前肯定它，对此类问题故意采取一般的方式来表达。要想对这一类提问立即做出一般性的澄清是很难的。例如，买方看完卖方出示的一份报价后，可以用这样的话开始讨论："我看了你的报价，在研究细节之前，你是否可以完整地解释一下。这次价格高于上一次，是用什么方法计算出来的？"卖方不知道买方是否在总体上同意他投标中提出的项目，任何全面的回答可能只是向买方提供新的攻击点。事实上这正是买方提问的目的所在。因此，卖方的反应是反提问，旨在限制买方的提问范围，并辨认其真实意图。卖方可采取下列回答："如果这里有什么困难，很抱歉。我本来以为我们的报盘已清楚地说明了总体情况。我们将乐于澄清使你感到不满的问题，什么事使你特别担心？"请注意，卖方不但要求对方阐明意见，还提出了反问。这个反问以便更清楚地摸清买方到底属于哪一种情况：是不满报价，还是并非对报价不满，只是想得到更多的信息。这样，卖方通过反问，重新获得主动权。

（2）具体问题。一个只能提供数据回答的问题称为具体问题，其性质决定于问题本身的措辞。如"你在计算提价额度时用什么工资和材料价格指数？""你们生产和检验的程序是怎样的？""搞出布局图样需要多长时间？"具体问题和进攻性的问题是不能盲目提出的，提问人必须事先知道对方的回答或至少知道其中一部分，才能向对方进攻。

（3）"是否"问题。有些问题回答只能是简单的"是"或"否"。还有一些问题，对方愿意时也可用"是或否"来回答。"是或否"回答是一个谈判者所能给予的最强的承诺。因此，提问者绝不应该提出那种对方只能以"是"或"否"作答的问题，除非提问者事先已准备好理由，而且确信他将得到所需要的回答。这种回答最好是双方已非正式地达成一个明白的协议。另一类情况是，这类问题如都有事实可以作答，这就会使提问者陷于绝境，除非提出者已准备好补充的问题。如果提出者不能应付这种回答，那就只能接受，而这方面的问题也就只能到此为止。所以，一项具体问题只能在这两种情况下提出：一是提问者相信提出的问题是对方的一个弱点，并已准备好继续提的问题；二是提的问题是提问者满意的且是想加以确认的。

（4）进攻性问题。这是一种既有价值又有危险的提问方式。这种提问容易引起对方的冲动，并且可能引起冲突。一般来讲，冲突是要尽量避免的，而这种提问，恰是在深思熟虑后认为冲突是必要时才提出的。凡属下列一类的提问，都称为进攻性问题。"你怎么能证明那是合理的呢？""那怎么能算有根据呢？""哪有什么正当理由呢？"

总之，谈判双方都可能提问，较主动的办法是将问题转给己方的专家回答，自己则可获得思考问题的时间及想好下一步应采取的策略。

2. 施加压力

正如对方所持的论点有弱点一样，对方谈判小组中也有较弱的成员。如小组成员中可能有人易受恭维、胁迫和讹诈的影响。

（1）恭维。这是对年资较低、经验较少的人采用的武器。这种人不承认自己不了解情况，他发表的意见、作出的决定，可能会有利于我方。之所以这样，因他资历浅、缺乏经验，对方成员也不愿从中作梗。特别是资历浅的专业顾问面对有经验的谈判对手时，甚至会出现双方谈判人员形成一伙，来对付哪怕是自己一方的圈子外的专业顾问人员。

（2）胁迫。胁迫与恭维的做法相反，可以用来对付一个代替其上级来洽谈的资历较浅的成员。在这种情况下，小组领导人必须再次进行干预，并亲自回答问题，表示出与胁迫者相同的观点，从而把压力引向自身，使小组成员更加紧密地结合起来。

（3）讹诈。这种策略可以用来对付谈判组领导人。对方利用与己方谈判小组上级的关系，威胁己方的谈判人员。如说一些你做事不近情理，将自找麻烦之类的话以给对方施加压力。这样，对方可能真的信以为真，从而作出让步。

3. 采取武断行为

好听的道理不一定是辩论的最好形式，而有时武断行为却可以更加有效。谈判人员的行为一旦变成"不可理喻"，他就超越了价值观念的准则，而不会被正常的说理所打动。这时，你必须武断，变得"不可理喻"。

"不可理喻"的行为若要奏效，必须依赖另一方在行事上保持理智。否则，双方的无理性就会发展到一种没有准则的地步，对于维持正常交易是不利的。同时，这也会导致谈判的失败。因此，"无理性"在短期内稍加使用可能起些作用，但时间一长，使用过分，或遇到抵制必然失败。

4. 置对方于不合情理之境况

当对方提出的主张存在问题时，我们应抓住问题不放，想方设法对这项主张提出异议。提出异议的方法有很多，其中之一是找个事例，借以表明如实现该主张，显然是荒谬的。这样，至少迫使提出该主张的人要用种种限制词重新解释该主张，以免使自己陷入窘境。

采用此策略时，由于其试探性质，以及利用有前提的假设，常会导致对方恼怒或感情用事，而把提出的种种论点斥为诡辩。如能避免此类事情发生，或耐心地克服，那么也不失为一个可取的策略。

5. 摸底

此策略是故意提高要求，即提出的要求大大超过对方可能接受的程度，以试探其反应。在采用此策略时，必须按对方可能作用的反应而计划下一步的做法。如为维护声誉，最简便的方法是由谈判小组中的领导人出面调解；如对方认为是合理的，那就必须重新衡量谈判的结果以及原来己方对谈判实力所作的估计；最难的是对方表面接受，己方不知道对方是误解己方的意思，还是真的接受。在这种情况下，就必须通过要求对方说明其理解程度，以便进入下一项议程的对话。这种方法成功与否，当场便可见分晓。

6. 双簧戏

双簧戏是世界上最常见的调和手法。这是给对方施加压力的一种技巧。一般在使用此技巧前，应进行己方的策划和排练。这种方法的关键在于选好角色。一部分人须真正具有进攻性的威慑力，使人望而生畏并易于令人激怒，而谈判中的另一部分人必须善于逢场作戏，左右逢源。如果物色人员不当，就会使人一眼看穿，那就要真的成为笑料了。

当谈判气氛明显充满敌意时，谈判中的一部分人就必须出现，其应该大发雷霆，尽力指责和诋毁对方，把气氛搞得十分紧张。然后谈判中的另一部分人出来缓和局面，虽然劝阻同伴，但也要平静地指出，这一场闹剧之所以出现完全是对方所致。

当一部分人发怒，对方一般都会被激怒，而后又感到懊丧，感到自己失去情理。这时恰好谈判中的另一部分人出现，使大家冷静下来，并说服谈判中的一部分人。通过反复如此，实力对比会发生很大的变化。这种策略之所以能成功，主要是利用了人们避免发生冲突的心理。

7. 承受约束在先

承受约束也是一种重要的进攻性策略，其说服力随着己方受到限制的明显程度而变化。承受约束可按其说服力的强弱排列如下。

（1）制约对方的国家法律。

（2）未经行政或立法机构修改而在法律上仍然对对方有约束力的法规。

（3）对参与合约谈判的单位具有约束力的标准订约程序，或是签约必须涉及的第三方发出的指示。

（4）过去的先例。

（5）上级的指示。

（6）谈判一开始，对方谈判人员自作主张采取的立场。

总之，双方都可能使用承受约束的策略。如果对方的承受约束没有己方的承受约束有力，就可能压倒对方。

谈判防御策略

在谈判对手强大的攻势策略的强压下，另一方必须相应地加以防御。防御的策略主要有以下几种。

1. 守口如瓶，佯作误解

谈判中最有效的防御策略之一，是促使另一方继续说下去。说得越多，暴露得越多，也就越容易暴露真实动机和最低谈判目标的底线。把守口如瓶和佯作误解结合起来，是另一种有效的方法。促使对方重复其论点的方法是佯作误解。对方重复其话题，就可使己方获得时间考虑对方论点的是非曲直，以决定对策。这种技巧在对付技术专家时往往特别有效。

2. 模棱两可

在回答对方的问题时，要模棱两可，不给对方所希望的答复。这种方法可用"据我理解你的问题，你是要求……"一类措辞开头，接着把问题再描述一下，词句稍作改动，然后就重新描述的问题进行回答。这样不仅避免直接回答问题，而且使己方有时间考虑对策。

3. 笼统作答

当对方为了解详细情况而提出具体问题时，己方可以用范围更广的笼统概念回答。如有人问："你们用什么工资和材料的价格指数？"回答："很明显，通货膨胀的影响是我们必须考虑的问题。我们不是要在这方面追求盈利，但我们也不愿意亏本。"这样把话题转向提价幅度的一般性问题。

4. 回避

对于对方提出的问题，也可以不直接回答而采取回避的办法。如有人问："你方能保证在规定的日期内完成吗？"答："让我们来看一下计划，然后告诉你在期末的进展情况，你自己可以看出存在的问题以及我们所保证的宽限余地。"

5. "但书"技巧

直率的、否定的"不"表示确定、无调和余地的态度，应该保留到确实打算这样干的时候才使用。因为这就表示谈判已无回旋的余地，进而谈判可能破裂。而"是"却有三种用法：一是"不"，二是"也许"，三是真正的"是"。谈判者面对一个直接的问题，他希望给以否定的回答。但为了不冒犯对方，也不给以肯定的许诺，你可以用"但书"技巧。如对方要求缩短交货期，可回答说："是的，我也认为交货期稍长了些，但有好几个因素要考虑，如材料的短缺正影响产量的水平，还有计划尚未完全搞好。"回答的肯定部分应看起来是站在对方的立场上，否定部分旨在指出不能按对方的意愿行事的理由。最理想的情况是，己方谈判人员用回答的否定部分能促使对方采取有利于己方的立场行事，或至少使对方最后面临两种选择：或采取坚持上述立场行事，或撤回要求。

6. 反提问

与"但书"技巧密切联系的是用反提问法来回答问题。如当对方问："你为什么不接受安装期限为 20 周，而是 25 周？"己方可作答："我们何不从另一角度看此问题？你估计 20 周的根据是什么？能否算一下细账，看看你方的设想如何？"还有一种反提问法是转换辩论方向，防止注意力集中一点而没有顾及其他。如对方对价格中的运输成本方面提出质问，己方可不回答对方提出的问题而说："我们可否不谈运输成本，那只是个很小的问题。当然你是对价格这一整体感兴趣，你是说它不合理吗？"己方可以将问题的焦点引向其他方面。

7. 稻草问题

所谓"稻草问题"是指问题本身对己方并无价值，且无足轻重。之所以提出，正是准备放弃它，以便为己方创造机会，从对方获得真正的让步作为回报。因此，己方在谈判时提出的最初各项要求中包括一个或几个稻草问题，就可以确保有些"储备"，可以作为对对方所作让步的补偿。不过，在决定选择什么作为稻草问题时，必须试图用对方的眼光来看问题，既考虑问题的客观方面，又注意考虑问题的主观方面。

8. 战略休会

一场谈判有时会由于对方不断施加压力，甚至使己方感到无法抵挡，而认为必须采取缓兵之计以寻求对策，这时必须中断谈判进程，以便摆脱对方的纠缠，并给己方以喘息的机会。如可通过己方人员借口离场；安排喝茶、喝咖啡；己方要求短暂休会等形式来达到目的。

9. 疲劳战

谈判是耗费精力的事。它需要思想高度集中、头脑敏捷，而且时常处于不舒适的环境之中。人为地拖延谈判时间，就剥夺了谈判人员仅有的休息与娱乐时间。用友好的晚宴款待来访的谈判人员，占有其应有的休息时间，使其不得休息。总之，使对方谈判者精疲力竭，从而影响谈判结局。这是非常高明的谈判技巧。

10. 合伙

采取这种策略是为了努力争取各方面对你的行动支持。尤其是将对方视为知心人，取得对方的支持，并就双方的分歧问题寻求解决的途径。这种策略对于合同执行过程中，由于任何一方的拖延或不能达到规定的要求而引起的谈判是有用的。只有统筹兼顾折中处理才能提供达到目标的基础。

报价的隐秘技巧

《哈佛谈判技巧》一书中有这样一个真实的案例，杰克的汽车意外地被一辆大卡车撞毁了。幸亏他的汽车保过全险，可是确切的赔偿金额要由保险公司的调查员鉴定后才能确定，于是双方有下面的对话。

调查员：我们研究过当事人的案件，我们决定采用保险单的条款。这表示当事人可以得到3 300元的赔偿。

汤姆：我知道。当事人是怎么算出这个数字的？

调查员：我们是依据这部汽车的现有价值。

汤姆：我了解，可是当事人是按照什么标准算出这个数目的？当事人知道我现在要花多少钱才能买到同样的车子吗？

调查员：当事人想要多少钱？

汤姆：我想得到按照保单应该得到的钱。我找到一部类似的二手车，价钱是 3 350 元，加上营业税和货物税之后，大概是 4 000 元。

调查员：4 000 元太多了吧！

汤姆：我所要求的不是某个数目，而是公平的赔偿。

调查员：好，我们赔当事人 3 500 元，这是我们可以付出的最高价。公司的政策是如此规定的。

汤姆：当事人的公司是怎么算出这个数字的？

调查员：当事人要知道 3 500 元是当事人可以得到的最高数。当事人如果不想要，我就爱莫能助了。

汤姆：3 500 元可能是公道的，但是我不敢确定。如果当事人受公司政策的约束，我当然知道当事人的立场。可是除非当事人能客观地说出我能得到这个数目的理由，否则我想我们最好还是诉诸法律。我们为什么不研究一下这件事，然后再谈？星期三上午 11 点我们可以见面谈谈吗？

调查员：好的。我今天在报上看到一部七八年的菲亚特汽车，出价是 3 400 元。

汤姆：噢！上面有没有提到行车里数？

调查员：49 000 千米。为什么当事人问这件事？

汤姆：因为我的车只跑了 25 000 千米，当事人认为我的车子可以多值多少钱？

调查员：让我想想……150 元。

汤姆：假设 3 400 元是合理的话，那么它就是 3 550 元了。报纸上面提到收音机没有？

调查员：没有。

汤姆：当事人认为一部收音机值多少钱？

调查员：125 元。

汤姆：冷气呢？

……

两个半小时之后，汤姆拿到了 4 012 元的支票。

上述谈判能取得成功，都是采取了以客观根据为公平标准，结果是双方都满意。

运用客观标准的好处是，它将双方主观意志力的较量（这往往是两败俱伤的事）转换成双方共同解决问题的努力，变"对方是否愿意做"为"问题该如何解决"，变双方以各种方法竞争为彼此有诚意地进行沟通。

竞争激烈中的谈判

美国有位谈判专家想在家中建个游泳池，建筑设计的要求非常简单：长 10 米，宽 5 米，有温水过滤设备，并且在 6 月 1 日前做好。谈判专家在游泳池的造价及建筑质量方面是个外行，但这难不倒他。在极短的时间内，他不仅使自己从外行变成了内行，而且找到了质量好价钱便宜的建造者。

谈判专家先在报纸上登了个想要建造游泳池的广告，具体写明了建造要求。结果有 A、B、C 三位承包商来投标，他们都拿给他承包的标单，里面有各项工程的费用及总费用。谈判专家仔细地看了这三张标单，发现所提供的温水设备、过滤网、抽水设备、设计和付钱条件都不一样，总费用也有差距。

接下来的事情是约这三位承包商来他家里商谈。第一个约好早上 9 点钟，第二个约在早上9点15分，第三个则约在早上9点30分。第二天，三位承包商如约而来，他们都没有得到主人的马上接见，只得坐在客厅里彼此交谈着等候。

上午10点钟的时候，主人出来请第一个承包商A先生进书房去商谈。A先生一进门就宣称他的游泳池一向是造得最好的，好的游泳池的设计标准和建造要求他都符合。他顺便还告诉主人B先生通常使用陈旧的过滤网，而C先生曾经丢下许多未完的工程，并且他现在正处于破产的边缘。接着又换了B先生进去，从他那里又了解到其他人所提供的水管都是塑胶管，他所提供的才是真正的铜管。C先生告诉主人的是，其他人所使用的过滤网都是品质低劣的，并且往往不能彻底做完，拿到钱之后就不管了，而他则是绝对做到保质保量。

谈判专家通过静静地聆听和旁敲侧击的提问，基本上弄清楚了游泳池的建筑设计要求及三位承包商的基本情况，发现C先生的价格最低，而B先生的建筑设计质量最好。最后他选中了B先生来建造游泳池，而只给C先生提供的价钱。经过一番讨价还价之后，谈判终于达成一致。

竞争者都想尽自己最大的努力来争取这项工程，然而鹬蚌相争，真正得利的还是渔翁！

巧用"我不知道"

谈判是一项双向的交涉活动，各方都在认真地捕捉对方的反应，以随时调整自己原先的方案。有时候，诸如"我不知道"这样的回答在谈判中可能产生极大的效力。其实，"我不知道"是一种不传达的信息传达，因为既然来参加谈判，就不可能对谈判目标不知道。

日本商人偶尔也会运用这种手段，只是他们把"我不知道"成了"我不懂"，同样收到很好的效果。

三位日本商人代表日本航空公司来和美国一家公司谈判。会谈从早上8点开始，进行了两个半小时。美国代表以压倒性的准备资料淹没了日方代表，他们用图表解说，电脑计算，以各式的数据资料来回答日方提出的报价。而在整个过程中，日方代表只是静静地坐在一旁，一句话也没说。终于，美方的负责人关掉了机器，重新扭亮了灯光，充满信心地问日方代表："意下如何？"一位日方代表面带微笑地说："我们看不懂。"

美方代表的脸色忽地变得惨白："你说看不懂是什么意思？什么地方不懂？"

另一位日方代表也彬彬有礼，面带微笑地说："都不懂。"

美方发言人问道："从哪里开始不懂？"

第三位日方代表以同样的方式慢慢答道："当你把会议室的灯关了之后。"

美方代表松开了领带，喘着气问："你们希望怎么做？"

日方代表异口同声回答："请你再重复一遍。"

美方代表彻底丧失了信心，试想谁有可能将秩序混乱而又长达两个半小时的介绍重新再来一遍？美国公司终于不惜代价，只求达成协议。

日本商人或许确实不懂，但这种可能性实在太小，素以精明著称的日本商人决不会如此不了解谈判内容。"我们不懂"的真正意思就是我们根本不同意你们的算法。这种说法难道不比直截了当的拒绝更具威力吗？

不断沟通，创造价值

有一个妈妈把一个橙子给了邻居的两个孩子。这两个孩子便讨论如何分这个橙子。两个人吵来吵去，最终达成了一致意见，由一个孩子负责切橙子，而另一个孩子先选橙子。结果，这两个孩子按照商定的办法各自取得了一半橙子，高高兴兴地拿回家去了。

第一个孩子把半个橙子拿到家，把皮剥掉扔进了垃圾桶，把果肉放到果汁机上榨果汁喝。另一个孩子回到家把果肉扔进了垃圾桶，把橙子皮留下来磨碎了，混在面粉里烤蛋糕吃。

从上面的情形，我们可以看出，虽然两个孩子各自拿到了看似公平的一半。然而，他们各自得到的东西却未物尽其用。这说明，他们事先并未做好沟通，也就是两个孩子并没有申明各自利益所在。没有事先申明价值导致了双方盲目追求形式上和立场上的公平。结果，双方各自的利益并未在谈判中达到最大化。

试想，两个孩子充分交流各自所需，或许会有多个方案和情况出现。可能的一种情况，就是遵循上述情形，两个孩子想办法将皮和果肉分开，一个拿果肉去榨汁，另一个拿果皮去做烤蛋糕。然而，也可能经过沟通后是另外的情况，恰好有一个孩子既想要果皮做蛋糕，又想喝橙汁。这时，如何能创造价值就非常重要了。

结果，想要整个橙子的孩子提议可以将其他的问题拿出来一块谈。他说："如果把这个橙子全给我，你上次欠我的棒棒糖就不用还了。"其实，他的牙齿被蛀得很厉害，父母上星期就不让他吃糖了。

另一个孩子想了一想，很快就答应了。他刚刚从母亲那儿要了5元钱，准备买糖还债。这次他可以用这5元钱去打游戏，他才不在乎这酸溜溜的橙汁呢。

两个孩子的谈判思考过程实际上就是不断沟通、创造价值的过程。双方都在寻求自己利益最大化的方案，同时也满足了对方利益最大化的需要。

Chapter 09
聪明人是如何销售的

沟通力在推销中已升华为一种策略和技巧。很多的成功推销都要靠沟通来完成。从顾客光临的那一刻起,沟通就开始了。从向顾客推荐产品到顾客掏钱成交,沟通贯穿其中的任何一个环节。客户的约见、拜访、说服、成交、反馈、服务,都要靠沟通来达到。可以说,沟通是推销中的艺术。有了沟通,才有了效益;有了沟通,才能拿到订单,取得非凡的业绩。

怎样沟通,客户才会买

世界最伟大的推销员告诉我们,成功的推销主要依靠良好的沟通能力。

与顾客沟通,体现在推销工作的方方面面,如拜访客户需要沟通,沟通不当就会被客户拒之门外;推荐商品需要沟通,才能让顾客清楚地了解商品,进而产生信赖,沟通不当就会令顾客心生怀疑,对商品不认可;处理顾客的异议和矛盾,更需要良好的沟通,才能化解纷争,留住客户,沟通不当就会得罪顾客,流失客户;在最后的服务环节,同样也需要沟通,才能让顾客放心,而沟通不当就会失去顾客的信赖和好感。

没有说服不了的客户，只有不会沟通的推销员。为此，推销员要做好推销工作，增长业绩，就不能忽视与客户之间的沟通。

1. 主动礼貌地接近顾客

第一次接近顾客，给对方一个舒适的第一印象至关重要。

初次见面，顾客容易以貌取人。推销员一定要衣着大方合体，与自己的身材、年龄、个性以及所推销产品的风格相符。同时，推销员一定要精神面貌良好，面带微笑，保持诚恳、尊重、自信、热情的态度；举止要从容优雅，谈吐亲切自如。

由于推销员是陌生人，顾客会有怀疑和防备心理。因此，坦诚和关心是推销之初缩短双方距离的最好武器。首先要明明白白地介绍自己的姓名、身份及愿望。其次要真诚地关心顾客，帮助拿重东西，逗逗孩子，谈谈对方的工作、家务、身体等话题。同时别忘了适当地赞美对方，注意掌握分寸，是真心赞美而非吹捧。这样，顾客很容易接受你，消除陌生感。

推销员在接近顾客时，往往会遭到拒绝。这时保持心平气和、从容不迫的良好礼仪十分重要。推销员应保持微笑，目光正视对方，不必难为情地低下头或转身就走，应礼貌地道声"打扰了""谢谢"，然后告辞。

2. 做足约见顾客的准备

推销员约见顾客时，要事先联系好顾客，征求对方同意后会面。约见一定要从对方利益出发，多为顾客着想，最好由顾客决定。

约见的时间视顾客的方便而定，推销员应选择天气良好且对方时间宽裕、情绪舒畅的时候。推销员可以主动提出几种建议由顾客定夺。约见时间既定，则务必按时到达，绝不可失约。

约见的地点要方便顾客赴约，选择顾客熟悉的、轻松的场所，总之，由顾客选择决定为好。

约见的方式多种多样，如电话预约、信函预约，也可以当面约见等。不论是口头的还是书面的，都要注意措辞的礼貌、得体。

3. 推介产品是关键

推销过程主要是介绍商品，解答顾客的疑问。推介过程中要注意以下礼仪。

要自始至终地尊重顾客。推销员耐心细致地介绍商品，允许顾客随意插话、提问，不可轻易打断对方的谈话。在自己讲话的时候，适时问一句"您看呢？""您觉得呢？"

要诚实、客观地介绍商品优点。只讲优点不谈缺点的方式只会令顾客生疑。因此，正确的推销礼仪是全面、透彻地介绍商品的长处，同时简略地说明其他方面，给对方以诚实可信的感觉。

对顾客提出的异议要耐心对待。有异议说明顾客开始关注你的商品，因此更应热心解释说明。即使对方的看法有误，也不要争辩，不要争吵，更不能面露不屑与不悦，应多听善说，引导、说服顾客而不要驳斥顾客。即使否定对方观点也要在遣词上维护对方，不可嘲笑对方。

对待顾客的提问要处理得当。一般性问题应立即回答，不能避而不答或含糊其辞。对有些技术性强的问题和异议，则应稍作思考或延缓回答，可表现出负责任的慎重态度，必要时可暂不回答，待查阅资料或电话请教专业人员、负责人之后再回答。有时顾客的自言自语或玩笑以及关系不大的问题可不必作答，否则反而招致麻烦。

推销过程中不可过度热情。恰当的热情可促使推销成功，但不要造成急于催促对方购买的印象和压力。推销员应适时地闭上嘴，容对方察看或考虑，但沉默时间不要过长，适时插话，主动提出并分析对方可能担心的问题，做到热情而不急功近利。

4.不能忽视达成交易的那一刻的细节

成交是推销基本成功的标志,但并非意味着推销工作的结束,因为即使达成交易,对方也会更改意见,这时就要看你的礼仪表现了。

成交时不要喜形于色,失去了原有的沉稳。表情、态度要自然、平静,要保持常态。

要赞美顾客的眼光,将成交归功于对方,而不能沾沾自喜。否则,容易令顾客反感,也许会失去购买兴趣。

少说话,谨慎用词。既然已经达成交易,就切忌再说个没完,一则令人生厌,二则可能会有口误,导致节外生枝。

热情告别。成交后可略转换些轻松的话题,聊聊天,不可一成交就立即走人;应上前与顾客握手告别,面带微笑表示合作愉快及谢意;应留下联络地址及电话,表示有任何事情尽快找你,一定尽力解决。告别后一段时间应主动再联系询问一下顾客的意见和要求,这样才显得礼数周全、善始善终。

销售的语言技巧

"买卖不成话不到,话语一到卖三俏",由此可见销售语言的重要性。销售人员是靠嘴吃饭的,好的口才能够充分展示一个销售人员的个人魅力,同时也给自己的客户带来愉悦的享受。所以,一名出色的销售人员一定有出色的口才。只有有了出色的口才,才能够让客户感受到你的魅力,并乐意购买你的产品。向客户展示你的语言魅力,要注意以下几点。

1. 用客户听得懂的语言来介绍

通俗易懂的语言最容易被大众所接受。所以，在语言使用上要多用通俗化的语句，要让自己的客户听得懂。销售人员对产品和交易条件的介绍必须简单明了，表达方式必须直截了当。表达不清楚，语言不明白，就可能会产生沟通障碍，就会影响交易。此外，销售人员还应该针对不同客户使用特有的交谈方式。

一客户的公司刚搬迁，需要安装一个能够体现公司特色的邮箱，于是咨询了一家公司。接电话的小伙子听了他们的要求，便坚持认定他们要的是 CSI 邮箱。

这个 CSI 搞得客户一头雾水。客户问销售人员这个 CSI 是金属的还是塑料的？是圆形的还是方形的？

这个销售人员对于客户的疑问感到很是不解。他对客户说："如果你们想用金属的，那就用 FDX 吧，每一个 FDX 可以配上两个 NCO。"

CSI、FDX、NCO 这几个缩写搞得客户一头雾水，客户只好无奈地对他说："再见，有机会再联系吧！"客户要买的是办公用具，而不是字母。

一个销售人员首先要做的就是要用客户能理解的语言来介绍自己的商品。

2. 用讲故事的方式来介绍

讲故事可以引发共鸣，可以激发兴趣，既显得平易近人，又能深入人心。用讲故事的方法来介绍自己的产品并与客户沟通，也许能收到很好的效果。

一客户来到海尔冰箱的柜台前，对海尔的销售人员说："你们的质量有保障吗？"这时销售员没有就质量本身说那么多，只是讲起海尔总裁张瑞敏上任时砸冰箱的故事，一个故事立刻令人对海尔冰箱的质量感到放心。

像乔·吉拉德、甘道夫、原一平、柴田和子都是讲故事的大师。原一平每次在推广保险的时候，都会讲一个因没有买保险发生意外和死亡的悲痛故事。他的真情感动得客户流下泪水，这时他便说道："我真的不希望这样的故事发生在我遇到的每一个人身上，我有责任去帮助他们，我出售的不是保单，我出售的是爱和保障。"就因为原一平讲故事的真挚感情，一次又一次地打动了客户，从而帮助他成交了一个又一个的保单，让他成了受人尊敬的推销大师，他被誉为"推销之神"。

所以各位朋友，不管你今天在卖什么产品，你一定要收集那些能令新客户产生共鸣、能激发需要的故事。任何商品都有其有趣的话题：它的发明、生产过程、产品带给客户的好处，等等。销售人员可以挑选生动、有趣的部分，把它们串成动人的故事，以此作为销售的有效方法。销售大师保罗·梅耶说："用这种方法，你就能迎合客户、吸引客户的注意，使客户产生信心和兴趣，进而毫无困难地达到销售的目的。"

3. 要用形象的描绘来打动客户

在培训的时候，我总要给学员讲这样一句话："说话一定要打动客户的心，而不是客户的脑袋。"而打动客户的心的最有效的办法就是用形象的描绘。有一次王太太去逛商场，一位店主只对王太太说了一句话，使本来没有购买欲望的她毫不犹豫地掏出了钱包。她对王太太说了什么话竟有如此的魔力呢？很简单，那句话是"穿上这件衣服可以成全你的美丽"。

"成全你的美丽"，一句话就使王太太动心了。这位女店主真的很会说话，也很会做生意。在客户看来，不是客户在照顾她的生意，而是她在成全客户的美丽。虽然这话也是赞誉之词，但听起来效果就完全不一样。

4. 用幽默的语言来接近

每一个人都喜欢和幽默风趣的人打交道，而不愿和一个死气沉沉的人待在一起，所以一个幽默的销售人员更容易得到大家的认可。

两个保险销售人员，他们分属不同的公司。有一次，客户对保险公司的办事效率产生怀疑。这时A公司的销售员说他的保险公司十有八九是在意外发生的当天就把支票送到投保人的手中。而B公司的销售员却对客户说："那算什么！我的一位客户不小心从楼上摔下来，还没有落地的时候，我已经把赔付的支票交到了他的手上。"

最后，客户选择哪一家保险公司还用得着问么？

再让我们看看原一平进行直接访问的实例。

"您好！我是明治保险的原一平。"

"喔——"对方端详他的名片有一阵子后，慢条斯理地抬头说，"两三天前曾来过一个某某保险公司的销售员，他话还没讲完，就被我赶走了。我是不会投保的，所以你多说无益，我看你还是快点走吧，以免浪费你的时间。"

此人既干脆又够意思，他考虑真周到，还要替原一平节省时间。

"真谢谢您的关心！您听完我的介绍之后，如果不满意的话，我当场切腹。无论如何，请您拨点时间给我吧！"原一平一脸正经，甚至还装得有点生气地说。

对方听了忍不住哈哈大笑，说："哈哈哈，你真的要切腹吗？"

"不错，就像这样一刀刺下去……"原一平一边回答，一边用手比划。

"你等着瞧吧！我非要你切腹不可。"

"来啊！既然怕切腹，我非要用心介绍不可啦！"话说到此，原一平脸上的表情忽然从"正经"变为"鬼脸"，于是准客户和他不由自主地一起大笑了。

上面这个实例的重点，就在设法逗准客户笑。只要你能创造出与准客户一起笑的场面，就突破了第一道难关，并拉近了彼此的距离。下面让我们再看一个实例。

"您好！我是明治保险的原一平。"

"噢！明治保险公司，你们公司的销售员昨天才来过。我最讨厌保险了，所以他昨天被我拒绝啦！"

"是吗？不过，我总比昨天那位同事英俊潇洒吧！"他跟对方开了一个小玩笑（开这种玩笑时，声调与态度要特别留意，一不小心会引起对方的误会，以为你瞧不起他）。

"什么？昨天那位仁兄啊！长得高高的，哈哈哈，比你好看多了。"

"矮个儿没坏人，再说辣椒是越小越辣哟！俗话不也说'人越矮，俏姑娘越爱'吗？这句话可不是我发明的啊？"

"哈哈！你这个人真有意思。"

无论如何，先要设法把准客户逗笑，然后自己跟着笑。当两个人同时开怀大笑时，陌生感消失了，彼此的心在某一点上就连通了。

幽默可以说是销售成功的金钥匙。它具有很强的感染力和吸引力，能迅速打开客户的心灵之门，让客户在会心一笑后对你的商品或服务产生好感，从而诱发购买动机，促成交易的迅速达成。所以，一个具有语言魅力的人对于客户的吸引力简直是不能想象的。

5. 清晰地表达自己的观点

在初次约见客户时，由于心情紧张等原因，销售人员可能会因为急于表达自己的销售意图而忽视自己的表达方式。很多销售人员都有过这样的体验：越是慌慌张张地表达自己的意图，语言组织得越是错误百出，结果与客户沟通起来就越吃力。销售员在了解和掌握足够的产品信息的同时，也十分有必要培养和锻炼自身的语言组织和表达能力，尽可能地用最清晰、简明的语言使客户获得其想要知道的相关信息。

出色的销售人员，是一个懂得如何把语言的艺术融入商品销售中的人。可以这样说，销售人员要培养自己的语言魅力，有了语言魅力，就有了成功的可能。

改变用词，沟通效果大不同

做销售的，一定要注意自己的沟通技巧，为什么这样说呢？因为语言是多变的。你要想表达一个意思，可以使用不同的语言去表达。而不同的语言表达方式也会带来截然不同的效果。例如，在你想要向别人借一件东西的时候，你最少有下面几种不同的表达方式。

"把××借给我用用，好吗？"

"你不是有××吗？给我用用，用完了我马上还给你，好吗？"

"您好！将××借给我用一下可以吗？"

"我们相互支持没问题吧？你看我能为你做什么呢？你的××能借我用一下吗？"

"我需要你的帮助，假如你能帮得到，凭我们的关系，你不会拒绝我，对吗？"

你可以有很多种表达方式。但是，无论怎样，你要想让对方把你所想要的东西借给你，你就要尽量地保持礼貌，使得自己说出来的话，能让对方接受。否则，恐怕对方就是有，也会对你说没有的。

不同的表达方式会带来不同的结果。对于从事销售行业的人员来说，一定要牢牢记住这一点。也就是说销售人员在与客户交流和沟通的时候，一定要注意到自己的语言，尽量使用那些让客户听起来舒服的词汇及表达方式，从而促成交易。

因此，作为一名优秀的销售员，首先就要理解如何做到能够像水一样进入任何容器，而在这里我和大家分享以下几种方法。

1. 催眠式的语言

使用催眠式语言让对方在不知不觉中接收你传递给他的信息，让他感受得很清楚，愿意听你的话，跟你进行合作，或者是与你沟通，或者是接纳你所表达的观点。

2."约见"换成"拜访"

比如，客户说要约你见个面，这个方式别人听起来不是太有感觉，但你可以将其转换成拜访。

在销售的实际工作中，为了能够促成交易，销售人员经常会主动地约见客户。而这种约见，大部分是由销售人员在电话中向客户提出来的。我们常常能够听到销售人员在给客户打电话的时候这样说："某某先生，您好，我是某某，不知道您这两天是不是有空。如果有空的话，我想我们约个时间见见面，详细地谈谈上次所说的一些事情。"

如果你是那个客户，在接到这个电话的时候，会有什么样的感受。或许，从事销售行业的你觉得并没有什么，认为这很正常。因为，一直以来，你都是这样和客户约定时间见面的。在这里，我并不去说采取这样的语言有什么不好。我只是想问问你，你在采取这种语言约见客户的时候，对方的语气怎样，是否达到了预期的目的呢？

你肯定会说，还行，只不过偶尔对方会拒绝。那么，你怎么不想办法使得拒绝尽量减少呢？而减少这种拒绝的最有效方式，便是将"约见"转换成另外一个词，即"拜访"。像上面的那句话，你可以这样说："某某先生，您好！我是某某，不知道您近期哪天比较方便，在您方便的时候我想专程去拜访您。"

怎么样？如果你这样说，对方感觉肯定与前面听到的不一样，对方可能会很高兴地与你确定时间。

为什么会这样呢？这在于你所使用的词汇。"约见"与"拜访"虽然所表达的意思差不多，但是你能明显感觉到"拜访"不仅表达了你对对方的尊重，还显示出了你的礼貌。

每一个人都喜欢自己被他人所尊重，并且喜欢成为一个重要人物的感觉，请你充分感受这一点。

3. 将"商讨"换成"征询"

在与客户见面时，客户对于某些具体的问题有异议，千万记住要使用"征询"这一字眼，而并非是"商讨"。

"商讨"是将双方放在同等的位置，对于一件事情发表各自的看法和观点，从而去寻求一种使得双方之间的异议尽量减少的过程。"征询"则是将自己主动地放在下风的位置，让对方感到充分受尊重的同时，自己可以按预先设计好的方向引导。

4. 将"店铺"换成"展示厅"

如果你去购买一件商品，例如衣服，价钱都一样，只不过一家是装潢较为考究的专卖店，一家是很小的服装店，你会选择哪一家？

你肯定会走进专卖店。大部分人在购买和消费的时候，越来越注重生产或者销售这种产品的厂家和销售商的实力。就像是某一则广告里面所说的："中国人都相信专家。"在这儿换成另外一句话来说，便是"中国人都相信具有实力的商家"。

实力，能够给人一种安全感，会让人产生一种信赖。对于销售人员来说，一定要掌握客户的这一心理。也就是说，在客户要求前往你的公司去看看的时候，你一定要向对方介绍，说是去"展示厅"而不是去"店铺"。你这样介绍，不但让对方感受到你所在公司的实力，也让对方感觉到你讲话的品位也不一般。

5. 称"客户"为"合作伙伴"

在你向其他的人介绍客户的时候，千万不要说"这是我的客户，"而应该说"这是我的合作伙伴"。

你在称对方为客户的时候，对方的心里会感到有些不舒服，因为这句话表示了你与对方是利益上的关系。另外，在人们的思维意识之中，在听到"客户"的时候，总会或多或少有一点反感，有一种自己好像被"掏"的感觉。你在向他人介绍你的客户的时候，可以称对方为"合作伙伴"，这样便会消除客户心中的这种不自在的想法。因为，"合作伙伴"表示的是双方为了一个共同的目标而走在一起，并且为之努力。

一句话用不同的语言表示出来的意思一样，然而所达到的效果和给人的感觉完全不同。语言是一门艺术，为了能够使得客户接受自己的产品和提供的服务，请在说话的时候，选用合适的词语，让对方感受到你的礼貌，改善双方的关系，从而为成交奠定良好的基础。

6. "买到"换为"拥有"

"你买到这个产品获得什么利益"中的"买到"转化为"拥有"，就是当你"拥有"这个产品的时候，你感觉到它对你将有很大的帮助。这样讲就比较有催眠力和销售力。买到会让客户想到是花了多少钱，拥有令对方想到的不是钱，而是得到那份快乐的感觉。

7. "便宜"换成"经济"

当说到经济的时候，人们会想到实用，而便宜只会让人想到那句"便宜没好货"的俗语。

8. 把"广告"换成"消息"

一说到广告的时候，会引发信赖感的下降。所以当说到广告的时候，应把它改成消息。"你是从哪里了解到我们的消息，是从报纸上还是从其他什么地方？"比如，曾经有一段时间，我听我的同事打电话，他们都会这样说道："你是从哪里看的广告？"这给客户的信赖感就下滑，所以说广告要转换成消息。

9. 把"意见"换成"比较关心"或者"关注"

"你对这件事有意见吗？"我告诉各位，你这样表达是在扩大反对意见，最顶尖的销售人员会把意见转换成比较关心或者关注。"你对这个比较关注，是吗？"

10. 把"提成"换成"服务费"

别人问你拿多少提成，你说2万元，别人觉得你一个月拿2万元，这肯定是暴利，觉得你在他身上赚了大钱。如果你说得太少，客户会觉得你的销售能力及服务能力太差，而不太愿意与你合作。所以最聪明的销售人员会说服务费有多少钱。提到服务费的时候，客户会想到是因为你服务的客户量比较大，服务客户比较好，拿的钱多是理所当然的。所以，要把提成转化成服务费。

11. 把"成交"换成"谢谢支持"或"合作愉快"

我们还要把成交改掉，不要说"我们终于成交了"。对方心里会想，你终于把我的钱收到手了。我们平时应该说，"周总，谢谢合作,谢谢支持！"或者说"周总,我们一定会合作愉快！"实际上就是签单了、成交了的意思，但是这样听起来比较舒服。

12. 把"问题"换成"挑战"

我们把问题改一下，"你是钱的问题,是吗？"有些问题,你要重复一遍，这个问题也就更大了。催眠式的销售会说："这些钱对于你来说不是问题，是一个挑战。你肯定没有问题，一定可以做到。"所以，把问题说成挑战。

13. 把"员工""下级"换成"同仁"

当上级介绍下属的时候，"这个是我的员工，这个是我的下级"，这样说很不好，要把员工和下级换成同仁，这样的话员工和下属听了比较舒服，感觉也会比较好。

14. 把"等"换成"恭候"

"明天上午10点钟我准时在某个酒店等你。""明天上午10点钟我准时在某个酒店恭候你。"你觉得哪一句话更到位？

15. 把"购买"换成"选择"

不要说"你买这个空调，买这个手表，买这个彩电，是吗？你准备买这把椅子是吗？你准备买这套服装是吗？"只要一说购买，都会重复让客户联想到钱的问题，而客户要掏钱的时候是痛苦的。我们要换成他的选择，因为他想要的才会选择。一说到选择，他就会想到选择的理由、选择的好处，无论选择哪个都是他所想要的，他才会作出选择。

16. 把"回音""回电"换成"遵照要求"

"王总，你好，遵照你昨天的要求——让我上午10点给您回电话。我9点50分就等待着，现在以非常激动的心情拨通您的电话"，就是说你是遵照了他的要求给他回电话，从而堵住了他的后门，让他没有机会说"现在忙，没有时间"。这样业务就好谈了。这个方法一般是让对方难以抗拒。你要有这种让客户兴奋起来的感觉。他在兴奋的时候，也就处于最佳的沟通状态。

17. 把"直拨"换成"专线"

你要把一般大客户老总办公室的直拨换成专线。当你拨通他的电话后，你说："您好，请问这是王总的专线吗？"因为他一听专线就会想到省长专线、市长专线之类，他会有一种大人物的感觉，听着会非常舒服。

18. 把"希望"换成"一定"

"我相信你一定会选择品质比较高的产品，你会选择对你最有价值和最适合你的产品。"当你不断地说一定的时候，就是在刺激对方，让其作出决定选购你所推荐的产品。

19. 把"假如"换成"如果"，"如果"换成"当"

"假如有一个方法可以帮助你们利润增长一倍，你们有兴趣了解吗？如果这个方法有很多公司使用而且效果很好，你有兴趣吗？当这个方式在你面前的时候你会作出选择吗？"先用一个假如，再来一个如果，然后来一个当，这能达到层层推进的效果。

20. 把"但是"换成"同时"

千万不要跟客户说"但是"。"但是"是比较令客户讨厌的，比如你对他说："你们某某方面做得非常好，某某方面也做得非常棒，但是……"当他一听你说"但是"的时候，他觉得你前面说的都是废话，一个"但是"把前面的一切都否定了，没有销售力，也会令客户反感的。当你把"但是"换成"同时"，就会有不一样的感觉。比如，你说："我非常理解你的想法，同时我可不可以谈一下我的认识？"这样既表现出了你尊重对方，表达自我意见时也能引发对方的重视。

21. 把"没办法"换成"怎样能够有办法"

"没办法"是一个比较消极的词汇，是一种消极面对问题的方式，会让客户失望进而影响购买情绪。而当面临问题时，你换一种思维方式，效果是不一样的。当你对客户说："我们应该讨论一下，凡事都是有方法可以解决的。方法总比困难多，很多时候不是没办法，而是怎样才能有办法，是吗？"你所有的想法，所有的思维，所有的资源都想着如何去解决问题，因此得到的结果也是完全不一样的。

22. 把"费用"换成"投资额"，把"预付费用""定金"换成"前期投资额"

"你的产品需要多少的费用？""你买我们这个产品需要多少钱，需要十万块。"这个不够有推动力，要说"你跟我们合作只需投资十万块"，这样给人的感觉就会比较好。如果需要对方预付一部分费用或交一定定金的，你可以说："你选择这个产品，前期投资额只需××元！"

23. 把"合同"换成"合作的约定"或者"协议"

我们做一个书面的约定，或者说我们做一个书面的协议。合同多严肃。"我们把商量好的事情书面化！"这样感觉会比较好。

24. 把"说明"换成"演示"

"我把产品给你说明一下！""我给你演示一下，我给你做一个示范。"前后哪一句话令客户更有感觉。

25. 把"不可能"换成"有些难度""怎样可能"或"如何可能"

在谈及数量时，不要说"你打算要多少？"要说"十个够吗？"如果客户说："不，不，太多了，我只要五个。"你的推销就是成功的。但是，永远不要低估你所做的事。要往多处想，使你的客户也往多处想，这对提升你的谈判技巧同样有帮助，因为有些客户也许认为订购一个就是大生意了，并且还期望得到折扣。如果你往多处想，客户不太可能要求太大的折扣。同样，如果客户确实准备做大生意，你往大处想了之后，就可以轻易谈妥。

如果你往大处想，就会逐渐引导你的客户也往大处想。

"这个肯定不可能，这么一个价格肯定不行。"当你说肯定不行的时候，你是在打击客户的热情，在消灭客户的购买欲望。其实，你完全可以说："我们非常理解你,但是我们这样做有些难度。"这样既给客户希望,又可以留住客户,锁定交易。

约见客户时,设计好开场白

业务员给客户的第一印象很重要,甚至直接影响到说服的效果。而要想给客户留下良好的第一印象,一定要注意你的开场白。

开场白是业务员与客户见面时,前两分钟所说的话。这可以说是客户对业务员第一印象的再次定格(与客户见面时,客户对你的第一印象取决于你的衣着与言行举止);虽然经常讲,不能用第一印象去评判一个人,但我们的客户却经常会用第一印象来评价你,这决定了客户愿不愿意给你机会让你继续谈下去。

一般来讲,标准的开场白包括以下几个部分:

感谢客户接见你并寒暄、赞美;

自我介绍或问候;

介绍来访的目的(此部分应突出客户价值,以吸引对方);

转向探测需求(以问题结束,好让客户开口讲话)。

在交谈的过程中可以适时地运用一些恭维用语。

有的时候恭维别人算是一种美德,但不要说违心的话。只要用词得体或是由衷之言,对方一定会非常高兴的。

谁都有自尊心,也总是希望别人能对自己的长处给予肯定。如果你能把握这一点,满足对方的这种欲望,那就能取得成功。对方还会认为你是个会体谅别人的人,说不定他能把"心"也交给你。

作为推销员有时候在外貌上有些缺陷，千万不要为此自卑和不安。

有时候，身体方面的缺陷还可能会得到意想不到的效果。例如：一位身体瘦小的推销员，在他访问客户时的第一句话就开玩笑地说："风真大，眼看就要把我给吹跑了。"如果是一位胖乎乎的推销员则可以说："因为太急，所以我今天连滚带爬地来了。"客户一听，一定会忍不住地笑出声来。扮演丑角不会伤害你的自尊心，只要双方一笑，相互间的距离一下子就变小了。任何不好解决的问题，只要"丑角"一登场，通常就可迎刃而解了。

有时候面对别人的提问，你会作出这样的回答："我从事人事资源管理工作。"这是非常不恰当的。

你应该回答："我们提供高素质的紧急临时员工给诸如贵公司之类的企业。如此一来，当公司有职员生病、缺席或请假时，你们就不会因此而蒙受生产力的损失或降低对客户的服务品质。"如此漂亮的回答，一定会让准客户留下深刻的印象。

开始与客户沟通时，可试着用以下几种方法。

1. 寒暄

先叙饮食起居，拉家常，由个人的身体、工作，谈到家庭、孩子的情况，再讲点新闻、说点笑话，使推销气氛融洽热烈，然后引入正题。

2. 金钱

几乎所有的人都对钱感兴趣，省钱和赚钱的方法容易引起客户的兴趣。例如：

"张经理，我想告诉你贵公司如何节省一半电费的方法。"

"王厂长，我们的机器比你目前的机器速度快、耗电少、更精确，能降低你的生产成本。"

"陈厂长，你愿意每年在毛巾生产上节约5万元吗？"

3. 有时效的话语

例如,"我觉得这个活动能给您节省很多话费,同时活动截止日期为 12 月 31 日,所以应该让您知道……"

这种时间的限制会让客户产生紧迫而稀有的心理。

4. 利用赠品

每个人都希望得到意外的馈赠,赠品就是利用人的这种心理进行推销。很少人会拒绝免费的东西,用赠品做敲门砖,既新鲜又实用。

5. 以著名的公司或人为例

人们的购买行为常常受到其他人的影响,推销员若能把握客户这层心理,并好好地利用,一定会收到很好的效果。

"李厂长,公司的张总采纳了我们的建议后,公司的营运状况有了很大的起色。"

以著名的公司或人为例,可以壮大自己的声势,特别是,如果你举的例子,正好是客户所景仰或性质相同的企业或人,效果会更好。

6. 真诚的赞美

赞美准客户必须要找出别人可能忽略的特点,使准客户知道你的话是真诚的。

下面是两个赞美客户的开场白实例。

"林经理,我听华美服装厂的张总说,跟您做生意最痛快不过了。他称赞您是一位热心爽快的人。"

"恭喜您,李总,我刚在报纸上看到您的消息,祝贺您当选十大杰出企业家。"

7. 借助"第三者"

告诉顾客,是第三者(顾客的一个朋友或者是亲戚,总之是一个熟人)

要你来找他的。如此一来，顾客是不会不搭理推销员的。正所谓"不看僧面看佛面"。

"章先生，您的好友王大伟先生让我来找您，他认为您可能会对我们的纸张感兴趣，因为这些产品为他的公司带来很多好处与方便。"

打着别人的旗号来推介自己的方法，虽然很管用，但要注意，一定要确有其人其事，绝不可能自己杜撰，欺骗顾客是绝对不好。那样，将会使你陷入更加尴尬的境地。

为了取信顾客，若能出示引荐人的名片或介绍信，效果会更佳。

8. 恭喜别人也是一种方法

"您早，林董事长。我是汽车公司的业务代表，听说令千金不久就有喜事了，恭喜！恭喜！我想利用这个机会，向您推荐我们最近进口的一种敞篷跑车，设计新颖，款式别致，装备齐全，适合新婚夫妇度蜜月、郊游和上下班使用。所以，我想在今早六点半到府上，或明天中午到您办公室去，亲自向您说明细节如何？"

推销员利用此法约见，必须对消息来源的可靠性有十分的把握，包括：顾客家确有嫁女的喜事；有增添一份别开生面的礼物，作为嫁妆的意愿；确信顾客具有购置一辆贵重汽车的财力等。

9. 提及客户现在可能最关心的问题

例如，"听您的朋友提起，您现在最头疼的是产品的废品率很高，通过调整了生产流水线，这个问题还没有从根本上改善……"

10. 提起他的竞争对手

例如，"我们刚刚和××公司有合作，他们认为……"

客户听到竞争对手，就会把注意力集中到你要讲的内容上。

11. 用数据来引起客户的兴趣和注意力

例如,"通过增加这个设备,可以使您的企业提升50%的生产效率……"

"我知道贵企业现在的产品废品率比较高,如果有一种方法使您的废品率降低一半的话,您是否有兴趣了解?"

上面这些方法表达可结合交叉使用,重要的是要根据当时的实际情况作出合适的选择。

另外,又是销售人员与客户会面时,刚开始的10分钟气氛很好,可过了一会儿,就不知道该和客户谈什么了。一定要记住,为了使客户开口讲话,一定要以问题结束你的开场白,或者顺势带入新的话题。否则,会使拜访陷入暂时的僵局。

在销售中,善于提问好处多

销售行为的成功,很大程度上依赖于销售人员对客户的了解程度。因此向客户提问的过程是销售人员获取价值信息的重要过程。提问,就是发现问题、解决问题的最好方式。学会提问,善于提问,便是成功销售的又一技巧。销售中的提问是非常重要的。有人说,没有不好的销售结果,只有不好的发问方式,因为你的发问方式已经决定了这样的销售结果。有很多的销售员培训主张要时刻迎合客户的需求,而不是引导客户的需求,结果是客户一个劲地在问,销售员疲于应付,总处于被动。客户一直在提问,是在探你的底牌,而你不知道客户真正关心的是什么,主要的问题在哪里。

1. 掌握提问技巧的好处

一般地说,和客户打交道时,提问要比讲述好。销售工作在某种程度上与医生有着异曲同工之妙。中医讲究的望、闻、问、切四种疗法，这在推销界同样适用——推销人员必须掌握察言观色的技巧，同时还必须学会根据具体的环境特点和客户的不同特点进行有效的提问。在生意场上，巧妙地向客户提问对于销售人员来说有着诸多好处。

第一，发现客户需求。发现客户的购买意图，以及了解怎样让他们从购买的产品中得到他们需要的利益，从而能针对客户的需要为他们提供合适的服务，使买卖成交。

第二，保持良好互动关系。当销售员针对客户需求提出问题时，客户会感到自己是对方的重点对象，他会在感到受关注、被尊重的同时更积极地参与到谈话中来。

第三，掌控谈话进程。主动提问可以使销售员更好地控制谈话的细节以及沟通的总体方向，更容易引着客户按照自己的思路走。经验丰富的销售员都善于利用提问来逐步实现自己的推销目的，并且还可以通过巧妙的提问来获得继续与客户保持友好关系的机会。

第四，避免出现误会。在与客户沟通的过程中，很多销售员都会经常遇到误解客户意图的问题。不管造成这种问题的原因是什么，最终都会对整个沟通造成非常不利的影响，而有效的提问则可以减少这种问题的发生。

所以，当你对客户要表达的意思或者某种行为意图不甚理解时，最好不要自作聪明地进行猜测和假设，而应该根据实际情况进行提问，弄清客户的真正意图，然后根据具体情况采取合适的方式进行处理。

2. 一次只问一个问题

在与客户交谈时，一次不能连续问几个问题，只能一次问一个，而且要等他回答后才问下一个。比如说，有的讲师讲课时会问："各位，成功需要下定决心，对不对？"结果没有一个人反应，他还继续问："一个人成功需要努力，对不对？"又是没有人回答，他又问："一个人成功需要很好的销售技巧，对不对？"还是没有人回答。这样会越问越死。而在我的讲课过程中，当我问"各位，一个人要成功，需要下定决心，是还是不是？"学员如果不回答，我就不问下一个问题。我会选一个学员代表来回答，一直等到有人回答为止。

3. 再问一遍

你前面问过的问题在后面的谈话中又再问一遍，或对方不回答就再问。有很多销售新手不懂这个，每次连续问几个问题，人家不知道回答哪个，要不就是问一个问题，客户没有给他回应，然后他就又问另外的问题。这样，客户是基本上没有心情听你讲话的，拉动不了他的成交情绪。要明白，客户要产品的同时还要从中得到精神上的享受。

4. 注意重复、停顿、反问

重复，就是当对方没有回答时你要重复一遍，当对方没有搞清楚什么意思时你要重复一遍，当对方对你说的事情没有高度重视时你要重复一遍。停顿，就是你提问后，一定要停顿一下，给客户留下足够的回答空间。很多销售员爱犯的毛病是沉不住气，自己先开口回答。通常在提问之后，马上闭口、停顿，眼睛注视客户，颔首微笑，直到客户说出他所要听的信息。顶尖的销售高手非常注意提问之后的处理，他们努力克服提问后的惯性论述。反问就是当对方问了一些你觉得不好直接回答的问题，你可以反问对方。比如，有人问："老师，我能不能免费听你的课？"我就说："你觉得可以吗？"他说可以，我就说："你觉得可以，那其他人怎么想呢？你免费，其他人交费，合理吗？你让我做人公平一点，好吗？"

5. 对于提问的忠告

在约见客户之前，销售人员应该根据实际情况对最根本的销售目标进行逐步分解，然后根据分解之后的小目标确定各个小问话。这样一来，既可以避免因谈论一些无聊话题而浪费彼此的时间，又可以循序渐进地实现你的目标。

销售人员要尽可能地站在客户的立场上提问，不要紧紧围绕着自己的销售目的与客户沟通。

初次与客户接触时，销售人员最好先从客户感兴趣的话题入手，不要直截了当地问客户是否愿意购买，一定要注意循序渐进。

6. 限定型提问

在一个问题中提示两个可供选择的答案，两个答案都是肯定的。

人们有一种共同的心理——认为说"不"比说"是"更容易和更安全。所以，内行的推销人员在向顾客提问时，尽量设法不让顾客说出"不"字来。比如，与顾客约定见面时间，有经验的推销人员从来不会问顾客："我可以在今天下午来见您吗？"因为这种只能在"是"和"不"中选择答案的问题，顾客多半会说："不行，我今天下午的日程实在太紧了，等我有空的时候再打电话约定时间吧。"有经验的推销人员会对顾客说："您看我是今天下午2点钟来见您，还是3点钟来？""3点钟来比较好。"当他说这句话时，你们的约定已经达成了。

7. 单刀直入法提问

这种方法要求推销人员直接针对顾客的主要购买动机，开门见山地向其推销。试想下面的场面。门铃响了，当主人把门打开时，一个衣冠楚楚的人站在大门的台阶上，这个人说道："您家里有高级的食品搅拌器吗？"男人怔住了。这突然的一问使主人不知怎样回答才好。他转过脸来看他的夫人，夫人有点窘迫但又好奇地答道："我们家有一个食品搅拌器，不过不是特别高级的。"推销人员回答说："我这里有一个高级的。"说着，他从提包里掏出一个高级食品搅拌器。接着，不言而喻，这对夫妇接受了他的推销。假如这个推销人员改一下说话方式，一开口就说："我是××公司推销人员，我来是想问一下你们是否愿意购买一个新型食品搅拌器。"你想一想，这种说话的推销效果会如何呢？

8. 连续肯定法提问

这个方法是指推销人员所提问题便于顾客用赞同的口吻来回答，也就是说，推销人员让顾客对其推销说明中所提出的一系列问题，连续地回答"是"。然后，等到要求签订单时，在已造成有利的情况下，顾客很可能会再作一次肯定答复。比如，推销人员要寻求客源，事先未打招呼就打电话给新顾客，他可说："很乐意和您谈一次，提高贵公司的营业额对您一定很重要，是不是？"（很少有人会说"无所谓"）"好，我想向您介绍我们的××产品。这将有助于您达到目标，日子会过得更潇洒。您很想达到自己的目标，对不对？"……这样让顾客一"是"到底。

运用连续肯定法，要求推销人员要有准确的判断能力和敏捷的思维能力。每个问题的提出都要经过仔细思考，特别要注意双方对话的结构，使顾客沿着推销人员的意图作出肯定的回答。

9. 诱发好奇心法提问

诱发好奇心的方法是在见面之初直接向潜在的买主说明情况或提出问题，故意讲一些能够激发他们好奇心的话，将他们的思想引到你可能为他提供的好处上。比如，一个推销人员对一个多次拒绝见他的顾客递上一张纸条，上面写着："请您给我10分钟好吗？我想为一个生意上的问题征求您的意见。"纸条诱发了采购经理的好奇心——他要向我请教什么问题呢？同时也满足了他的虚荣心——他向我请教！这样，结果很明显，推销人员应邀进入办公室。

10. 刺猬反应提问

在各种促进买卖成交的提问中,"刺猬"反应技巧是很有效的。所谓"刺猬"反应,其特点就是你用一个问题来回答顾客提出的问题,用自己的问题来控制你和顾客的洽谈,把谈话引向销售程序的下一步。让我们看一看"刺猬"反应式的提问法。

顾客:"这项保险中有没有现金价值?"

推销人员:"您很看重保险单是否具有现金价值的问题吗?"

顾客:"绝对不是。我只是不想为现金价值支付任何额外的金额。"

对于这个顾客,你若一味向他推销现金价值,你就会把自己推到河里,一沉到底。这个人不想为现金价值付钱,因为他不想把现金价值当成一桩利益。这时,你应该向他解释现金价值这个名词的含义,提高他在这方面的认识。

一般地说,提问要比讲述好,但要提出有分量的问题并不容易。简而言之,提问要掌握两个要点。

第一,提出探索式的问题,发现顾客的购买意图以及让他们知道如何从购买的产品中得到他们需要的利益,从而就能针对顾客的需要为他们提供恰当的服务,使买卖成交。

第二,提出引导式的问题,让顾客对你打算为他们提供的产品和服务产生信任。还是那句话,由你告诉他们,他们会产生怀疑;让他们自己说出来,就是真理。

在你提问之前还要注意一件事——你问的必须是他们能够答得上来的问题。

最后,根据洽谈过程中你所记下的重点,对客户所谈到的内容进行简单总结,确保清楚、完整,并得到客户的一致同意。

例如，王经理，今天我跟您约定的时间已经到了，今天很高兴从您这里听到了这么多宝贵的信息，真的很感谢您！您今天所谈到的内容一是关于……二是关于……三是关于……是这些，对吗？

销售中的说话禁忌

"祸从口出"，在推销过程中经常遇到这种情况：无意之中的一句话往往会毁了一笔业务。因此，推销员在与客户交谈中应注意避免说一些不该说的话。

如推销员不应向客户问："我能帮你的忙吗？"因为这给客户提供了一个说"不"的机会。

推销员不能说出让客户产生逆反心理的话。如"请问哪一种型号的抽油烟机性能比较好？""您不必如此挑剔，挑来挑去挑花眼，我们这儿的产品都是名牌。"这些话很容易使客户产生反感。

有人曾将推销员不该说的话做了具体分类。大体上，推销员应当避免以下几种话语。

1. 批评性的话语

许多推销员，尤其是业务新人，有时候脱口而出伤了别人，自己还不觉得。常见的例子，推销员见了客户第一句话便说，"你这张名片真老土！""真累啊，活着不如死了值钱！"虽然是无心去批评指责，只是想有一个开场白，而在客户听来，感觉就不太舒服了。

人们常说，"好话一句做牛做马都愿意"，也就是说，人人都希望得到对方的肯定，人人都喜欢听好话。推销人员每天都在与人打交道，应该说一些赞美性话语，但也要注意适量。否则，让人有种虚伪造作、缺乏真诚的感觉。

2. 主观性的议题

在商言商，与推销没有什么关系的话题，最好就不要去议论。比如政治、宗教等涉及主观意识的内容，无论你说的是对是错，对于推销都没有什么实质意义。

有一些业务新人，涉及推销行业时间不长，经验不足，在与客户的交往过程中，无法主控客户的话题，往往会跟随客户去议论一些主观性的议题，最后难免双方意见产生分歧。有经验的推销员，在处理这类主观性的议题时，起先会随着客户的观点，一起展开一些议论，但争论中他们会适时地将话题引到推销的产品上来。

3. 专业性术语

比如有个保险行业的新人，一上阵就一股脑儿地向客户炫耀自己是保险业的专家，电话中向客户讲了一大堆专业术语，客户听了感到压力很大。当与客户见面后，他又接二连三地大力介绍专业的内容，让客户如坠云里雾里，反感心理油然而生，从而误了促成销售的商机。我们仔细分析一下，就会发现，只有把这些术语用简单的话语来表达，让人听后明明白白，才能有效达到沟通目的，产品销售才会没有阻碍。因此，应尽量避免专业性术语的出现，即使不可避免，也要跟客户解释明白。

4. 夸大不实之词

不要夸大产品的功能，客户在日后使用产品时，终究会清楚你所说的话是真是假。不能因为要达到一时的销售业绩，你就夸大产品的功能和价值，这势必会埋下一颗"定时炸弹"。一旦纠纷产生，后果将不堪设想。

任何一个产品，都有好的一面和不足的一面。作为推销员理应站在客观的角度，清晰地与客户分析产品的优与劣，帮助客户"货比三家"。唯有知己知彼、熟知市场状况，才能让客户心服口服地接受你的产品。提醒推销人员，任何的欺骗和夸大其词都是推销的天敌，它会使你的事业无法长久。

5. 贬低对手的语言

我们可以经常看到这样的场面：同业的推销人员用带有攻击性色彩的话语，攻击竞争对手，甚至有的人把对方说得一文不值，致使整个行业的形象在人们心中一落千丈。

多数推销员在说出这些攻击性话语时，缺乏理性思考，殊不知这些攻击性词句会造成准客户的反感，因为不见得每一个人都与你站在同一个角度，你表现得太过于主观，反而会适得其反。随着时代的发展，这种不讲商业道德的行为将越来越没有生存空间。

6. 隐私问题

与客户打交道，主要是要把握对方的需求，而不是一张口就大谈特谈隐私问题，这也是推销员常犯的一个错误。试问你推心置腹地把你的婚姻、财务等情况和盘托出，就能使你的推销获得实质性的进展吗？

7. 质疑性的语气

在推销过程中，你很担心准客户听不懂你所说的一切，而不断地质问"你懂吗？""你知道吗？""你明白我的意思吗？"……从销售心理学来讲，一直质疑客户的理解力，客户会产生不满，这种方式往往让客户感觉得不到起码的尊重，逆反心理也会随之产生，所以说这是推销中应该避免的。

如果你实在担心准客户在你很详细地讲解后还不太明白，你可以用试探的口吻问对方："有没有需要我再详细说明的地方？"也许这样会容易让人接受。在此，给推销员一个忠告：客户往往比我们聪明，不要用我们的盲点去随意取代他们的优点。

8. 枯燥的话题

在销售中有些枯燥性的话题，你不得不讲解给客户听，因此就要讲得简单一些。这样，客户听了才不会产生倦意，你才能达到推销目的。如果有些相当重要的话语，要跟客户讲清楚，不要拼命去硬塞给他们。在讲解的过程中，不如换一种角度，找一些他们爱听的小故事、小笑话来刺激一下，然后再回到正题上来，也许这样的效果会更佳。

9. 注意避讳

每个人都希望与有涵养、有层次的人在一起。同样，在推销过程中，不雅之言对推销活动，必将带来负面影响。比如，在推销寿险时，你最好回避"死亡""没命了""完蛋了"，诸如此类的辞藻。有经验的推销员，往往在处理这些不雅之言时，都会委婉地说"丧失生命""出门不再回来"等。只有你注意到了这些细节，才更有可能成功！

销售中的赞美

花儿不能没有水，女人不能没有赞美。

看到这句话你也许不信，或许吓一大跳，也许你会会心一笑，有这么严重吗？花儿不能没有水，女人不能没有赞美？

请看下面一则小故事，你或许可以找到答案。

一位老太太应邀去参加一个别开生面的舞会，老太太为了应付舞会，穿衣打扮费了不少心思。舞会上，这位老太太曾经的两位情人也来了。第一位情人见到老太太时情不自禁地说："哟，你和年轻时完全不一样了，真的变成一个老太婆了……"第二位却对她说："你简直太美了。人们都说岁月残酷，可它丝毫未能摧毁你的美丽。要是你不介意的话，我多么希望我能和你跳一支舞。"接下来，舞会开始了。老太太在第二位情人的邀请下走上舞场，舞曲一支接一支地放，两人一支接一支地跳，直到舞会终场，她礼貌地向两位情人道别，便转身走了。

三天以后传来了这位老太太的死讯，两位情人及时赶到，并分别得到一封信和一个包裹。在给第一个情人的信里，老太太说："你是一个诚实的人，你说了真话，现在我把我一生的日记全部留给你，从中你可以看到一个女人真实的内心世界。"在给第二个情人的信里，老太太说："感谢你一席美丽的谎言，它让我度过了一个美好的夜晚，并足以把我一生的梦幻带到另一个世界，为此我将留给你我全部的财产！"

看到这里，你是愿意得到一本尘封的日记，还是愿意继承她全部的财产呢？

女人热衷一条裙子、一个发型、一场舞会等的根本目的是为了自身的美。美给别人看才有意义，人们把女人身上的美说了出来，就是赞美。故事里的女人便是渴望赞美的典型，特别是异性的赞美！为什么说恋爱中的女人最美？那是因为有一个人长期对她投射深情关注的目光，吐露甜蜜赞美的情话，促使女性荷尔蒙分泌，自然由内而外地散发美丽。

赞美不仅对女人有美容作用，还是女性购物血拼的兴奋剂。

各位，这里再送给你一句话。行为心理学研究的结果显示：女人接受赞美时越是不自然，她就越渴望赞美。

我们来看一下日本有名的推销员原一平是怎样赞美别人的。

原一平有一次去拜访一家商店的老板。

"先生，您好！"

"你是谁呀？"

"我是保险公司的原一平，今天我刚到这里，想请教您这位远近有名的老板。"

"什么？远近有名的老板？"

"是啊，根据我听到的情况，大家都说这个问题最好请教您。"

"哦！大家都在说我啊！真不敢当，到底是什么问题呢？"

"实不相瞒，是……"

"站着谈不方便，请进来吧！"

陌生的客人走进我们的店面，赞美是最好的欢迎之辞。赞美能够立刻打破和客人的距离感，同时更快获得客人的好感，下面的推荐介绍就是顺水推舟。

赞美会让女人快乐，快乐的女人自然越活越年轻，自然有美容的效果，这是我们关爱女性的依据。这里我们更关心的却是，赞美是"女性购物血拼的兴奋剂"。

嘴上如同抹了"蜂蜜"的导购员，她们绝对能把"上帝"赞美到头脑发昏，让顾客心甘情愿掏出钞票买下各式漂亮的衣服、饰品。即便我们的"上帝"发誓以后不会再轻易相信她们的赞美，但往往还是会有下一次，因为她爱美的心思没有变。

作为天天和客人打交道的终端导购人员，和陌生人说话成为不可避免的事情。在我们工作的门店里，每天来的大部分都是陌生人，我们不知道她的姓名，不知道她的爱好，也不了解她的性格，更不知道她的生活……只是在这一瞬间，她走到你的面前，她可能是给你送钱的。世界著名销售大师原一平说："赞美是我销售成功的法宝。"

赞美客户，哪怕是最难赞美的客户。推销技巧中用的赞美绝不是简单的"拍马屁"。赞美有四大原则。

第一，语调要热诚生动，不要像背书稿一样。

第二，一定要简要、流利顺畅，要讲平常所说的话。

第三，要有创意，赞美别人赞美不到的地方。

第四，要融入客户的公司和家庭。

女人们爱慕虚荣，当然喜欢别人对自己赞扬。无论是广告词里的赞扬还是售货员的赞扬，只要合适，她们都愿意听，都愿意相信那是真的。速溶咖啡面市之初就是发现了女人们的这一特点，及时把原来广告词里的"最省事的咖啡"改成了"给最忙碌的人喝的咖啡"。这样才一反以前的滞销而畅销不衰的。一个会适时赞扬女顾客的店员是企业的财富，因为这样的店员会像魔术师一样打开女人的钱袋。

Chapter 10

聪明人是如何汇报的

汇报工作是下属和领导最主要的沟通方式之一。与领导之间若缺乏沟通，结果双方只会越来越不信任。不妨多用电话与领导联络，既可保持距离，减少火药味，又可拉近合作的关系。汇报应谨记"我应做些什么？有些什么要做？"如果你能够持续令工作顺利、情绪稳定，那么领导和更高层的人士会知道你的工作能力。

不懂汇报，你还敢拼职场

在职场中，员工或下属向领导汇报工作，是常见的工作程序之一，特别是对那些经常要与大小领导打交道的员工或下属来说更是如此。原则上说，只要是领导直接交办或委托他人交办的工作，无论大事小事，工作的结果是否圆满，均应向领导如实作出相应的汇报。下属向领导汇报工作，汇报什么很重要，怎样汇报也同样重要。否则，即使工作做了10分的成绩，汇报时给上司的印象只有6分，岂不冤枉。当然也不能做了8分，汇报成12分。这种夸大成绩的做法非常不可取，应该杜绝。除了按照领导的要求认真完成任务之外，掌握一些汇报工作的技巧，可以使你轻松获得领导好感。

下属向领导汇报工作时的注意事项。

1. 及时汇报不好的消息

对于不好的消息，下属要在事前主动报告。越早汇报越有价值，这样领导可以及早采取应对策略以减少损失。如果延误了时机，就可能铸成无法挽回的大错。报喜不报忧，这是多数人的通病，特别是在失败是由自己造成的情况下。实际上，碰到这种情况，更加不能隐瞒，隐瞒只会造成更加严重的后果。

2. 要在事前主动报告

有的员工做事总是很被动，一般是在领导问起相关事情的时候才会提出报告。殊不知，当上级主动问到这件事时，很可能是因为事情出了问题，否则上级是不会注意到的。下属应遵循这样一个原则：尽量在上级提出疑问之前主动汇报，即使是要很长时间才能完成的工作，也应该有情况就报告，以便领导了解工作是否认是按计划进行；如果不是，还要作出什么调整。这样，在工作不能按原计划达到目标的情况下，应尽早使领导知道事情的详细经过，就不至于被责问了。

3. 全权委托的事也要报告

在领导已经把事情全权委托给你办的情况下，你不仅要和领导仔细讨论各种问题，请示相关情况，而且还要及时汇报各种相关事宜。一般情况下，领导把稍微有些难度的工作交给下属去办，是训练年轻员工最有效的办法。领导在作出各种布置后，一般会在一旁详细观察。在这种情况下，员工最好把事情的前因后果详细地向领导汇报。

4.汇报工作时要先说结果，再说经过

这样，汇报时就可以简明扼要，节省时间。

5.汇报工作要严谨

在工作报告中，不仅要谈自己的想法和推测，还必须说正确无误的事实。如果报告时态度不严谨，在谈到相关事实时总是用一些模糊的话语，如"可能是""应该会"等，这样会误导领导，不利于领导作出正确的决策。所以在表明自己意见的时候，最好明确地说"这是我的个人观点"，以便给领导留下思考空间，这样对自己对领导都会大有裨益。

6.忌揽功推过

下属向上级汇报工作，无论是报喜还是报忧，其中最大的忌讳是揽功推过。所谓揽功，即把工作成绩中不属于自己的功劳归于自己。不少人想不开其中的道理，他们在向领导汇报工作成绩时，往往有意夸大自己的作用和贡献，以为用这种方法就可以讨得领导的欢心与信任。实际上多数领导都是相当聪明的人，他们并不会因为你喜欢揽功，就把功劳记到你的账上。即便一时没有识破真相，他们也多半会凭直觉感到你靠不住。因为人们对言过其实的人，大都比较敏感。

所谓推过，就是把工作中因自己的主观原因造成的过错和应负的责任，故意往别人身上推。它给人的印象是文过饰非，不诚实。趋利避害是人的天性。揽功推过却是人的劣根性。不揽功，不推过，是喜说喜，是忧报忧，是一种高尚的人品和良好的职业道德的体现。采取这种态度和做法的人，可能会在眼前利益上遭受某些损失，但是从长远看，必定能够站稳脚跟，并获得发展的机会。

7.恭请领导点评

当你向领导汇报完工作之后，不可以马上一走了事。聪明人的做法是，主动恭请领导对自己的工作总结予以点评。这也是对领导的一种尊重和对他站得高、看得远、见识广的能力的肯定。

通常而言，领导对于下属的工作总结，大多会有一个评断。不同的是有一些评断他可能公开讲出来，而有一些评断他则可能保留在心里。事实上那些保留在心里的评断，有时却是最重要的评断。对此，你绝不可大意。反之，你应该以真诚的态度去征求领导的意见，让领导把心里话讲出来。对于领导诚恳的点评，即便是批评的话，你也应以认真的精神、负责的态度去细心反思。只有那些能够虚心接受领导点评的员工和下属，才能够被领导委以重任。

汇报也具有时效性，及时的汇报才能发挥出最大的效力。当你完成了一项棘手的任务，或者解决了一个疑难问题，这时马上找上司汇报，效果最好。拖延时间再向上司汇报，上司可能已经对这件事情失去兴趣，你的汇报也有画蛇添足之嫌。及时向上司汇报，还有利于使你与上司建立良好的互信关系。上司会对你的工作进行指导，帮助你尽善尽美地完成工作。

千万不要忽视请示与汇报的作用，因为它是你和领导进行沟通的主要渠道。你应该把每一次的请示汇报工作都做得完美无缺，领导对你的信任和赏识就会慢慢加深。

请示工作，主动而不越权

一件工作是以领导的命令开始，以下属的报告结束的。下属的工作能否顺利进行，是领导最为担心的。及时向领导请示与汇报工作可以缓解领导的这种担忧心理，同时也可让领导觉得你很尊重他，很重视他对你的工作安排。下属向领导请示汇报，首先必须端正态度，对领导要尊重而不吹捧，主动而不越权，请示而不依赖。

1. 尊重而不假意吹捧

作为下属，我们一定要充分尊重领导，在各方面维护领导的权威，支持领导的工作，这也是做下属的本分。但是尊重领导，不是一见领导来了，就极尽奉承之能进行公开吹捧，以讨领导的欢心。这种行为，很容易引起同事的反感，他们会在心里瞧不起你，不想与你合作。有的还会对你嗤之以鼻，而且领导本人，对于虚伪的热情，也未必领情。

那么，在请示与汇报工作中，怎样才能更好地表现对领导的尊重呢？首先要发自内心地尊重领导，积极向领导靠近，主动地向领导汇报，让领导掌握你的工作进度和工作能力。其次在汇报过程中，要多向领导请教，在得到领导的指点和帮助的同时，也显示了你对他的尊重。曾经有人透露过他的一个工作方法，说是在制订计划时，故意留一点点缺陷，让领导给予指点，以满足领导的成就感。虽然我们不一定要仿照这种做法，但其中的道理是显而易见的，那就是人们大都会喜欢被别人尊重，喜欢显示自己的重要性，你的领导也不例外。

2. 主动而不擅自越权

对工作要积极主动，敢于直言，善于提出自己的意见，不能唯唯诺诺，四平八稳。在处理与领导的关系上要克服两种错误认识：一是领导说啥是啥，叫怎么着就怎么着，好坏没有自己的责任；二是自恃高明，对领导的工作思路不研究，不落实，甚至另搞一套，阳奉阴违。当然，下属的积极主动、大胆负责是有条件的，要有利于维护领导的权威，维护团体内部的团结，在某些工作上不能擅自超越自己的职权。

我们可以从以下几个方面努力：一是利用各种适当场合与领导进行思

想交流，了解领导的思想，分析领导的意图，并对其加以理解、完善和落实。二是要尽量了解和掌握公司一段时期的中心工作，主动排除干扰中心工作的事项。三是要有意识地积累和储存有关工作资料，该记住的要记熟，该保存的要保存。另外，千万不能忘记自己的身份，必须时刻保持清醒的角色意识，找准自己的位置，而决不能越权越位，自作主张，擅自行动。

3. 请示而不过分依赖

在日常工作中，当一个任务分配到你手上之后，你是接过来闷头就干，觉得不需要依赖领导也能给他一个惊喜呢，还是在任务进行的过程中，时刻让领导掌握你的工作进展？如果你是领导，分配一个任务给某个下属，任务历时两个月，而这两个月中没有他关于工作的消息，你会满意吗？作为下属，也许你在试图为领导制造惊喜的过程中，也带来了工作的隐患和风险。作为领导，你肯定希望掌握下属的工作进展，在必要时给你的下属更多更好的资源，帮助他把任务完成得更出色。

但是领导也不希望下属过分依赖自己。一般来说，中层干部在自己职权范围内大胆负责、创造性地工作，是值得倡导的，也是为领导所欢迎的。下属不能事事请示，遇事没有主见，大事小事都不做主。这样领导也许会觉得你办事不力，顶不了事。该请示汇报的必须请示汇报，但决不要过分依赖。你不会喜欢事必躬亲的领导，领导也不会喜欢事事都要找他的下属。

主动接近领导，替领导分忧解难

身在职场，为老板打工，看老板脸色，害怕老板是一种通病。很多员工在这种心理的作用下，觉得和老板太近，只会加重焦虑和压抑的情绪，很怕与老板多接触。除了工作上的事，他们尽量躲避老板，不想让老板知道得太多，管得太多，表面上保持着一种心理上的平衡。还有的人觉得，自己和领导走得过近，容易让其他人产生疑心，以为自己与老板一定有什么联系，或者是有什么企图，在向老板套近乎。因此，为了避免让同事们说"闲话"，一些人选择了躲避老板。

其实这是一种误区。你采取躲避老板的做法似乎逃过了同事们的议论，但是却引起了老板的注意。老板因此会以为你对他有什么看法，或者以为你心里有什么话想说或犯了错误而逃避。总之，你躲避领导的做法是不礼貌的，甚至是对领导的不尊重。怕见领导的心态表明你对自己和工作不自信，而对于领导来说，他会觉得你心还没有归属，很多重要的工作还不敢让你干，对你也不敢委以重任。

领导需要了解下属，下属也需要了解领导，这是正常的人际交往。因此，不必因担心别人的议论而故意躲避领导。你若希望领导赏识你，看得起你，首先要让领导发现你。

与领导和睦相处，可以主动找机会与领导交往。生活中，害怕淘汰而不断学习已是潮流和共识，有机会向身边的人学习，当然不要舍近求远。而在职场中，老板是强者，也是一个很好的学习榜样，和老板多接触，有机会向一个成功者学习，何乐而不为？因此，你没有理由躲避。既然拥有接触老板的机会，只要是合情理的，就要好好珍惜。

成功的秘诀之一是与成功人士站在一起。身在职场，最成功的人士莫过于你的上司。所以，为了自己的进步和提高，你没有理由躲避领导。躲避领导，是一种对自己不信任的心态，更是对领导不尊重的表现。你有意无意地躲着领导，会让领导觉得你难以沟通，甚至不能信任。或许你不太擅长跟上级打交道，见了领导不知道如何表现，但你的躲避行为会给领导造成误解，也会让你失去很多机会。

要想得到上司的青睐，第一步就是让上司注意你。成功吸引上司注意力的一个重要方式是帮助上司解决难题。

主动接近领导，替领导分忧解难的下属大多会赢得领导的赏识。所以，与领导相处，你可以用以下方法接近领导。

1. 让上司看到你的表现

定期将自己的工作进度及所完成的任务向上司汇报，让他看到并肯定你的存在及贡献。此外，都提前完成上司交给你的工作。

要求更多的工作与授权。让老板感受你对自己的期望与进取精神，这是他们考虑提拔的重要指标。

借机表现你的领导能力。当有新员工进来时，你可以自告奋勇地"带"他，以此来表现你的热忱及领导能力。

开拓自己在公司内外的人际关系。通过公司内外的人际网络，不仅可以得到最新的信息，也能在换工作、升职位时获得较多的机会。

2. 向上司提出你的新看法

努力成为一个胆大、勇于冒险的人。向上司提出你的新看法，乐于接受新任务、新挑战，让他们看出你是可造之才。

3. 提高积极性，热心参加公司活动

借着公司大小活动加深上级主管对你的印象，也可多与其他部门主管及人员交流。此外，还可以向表现优异的同事学习，仔细观察办公室其他表现优异的同事，学习他们身上的优点。

4. 提升自己的专业能力

加强自己的业务能力。学习外语与电脑，选修管理、财会及对未来提升有益的课程。

规划好自己的事业。妥善规划自己的事业发展方向与步骤，记住这是你自己的事业，得自己掌握。

坦诚接受批评，服从领导安排

受到上级批评时，反复纠缠、争辩，希望弄个一清二楚，这是很没有必要的。确有冤情，确有误解，怎么办？可找一两次机会说明一下，点到为止。即使领导没有为你"平反昭雪"，也完全用不着纠缠不休。这种斤斤计较型的部下，是很让领导头疼的。如果你的目的仅仅是为了不受批评，当然可以"寸土必争""寸理不让"。可是，一个把领导搞得筋疲力尽的人，又何谈晋升呢？

受批评甚至受训斥和受到某种正式的处分，惩罚是很不同的。在正式的处分中，你的某种权利在一定程度上受到限制或剥夺。如果你是冤枉的，当然应认真地申辩或申诉，直到搞清楚为止，从而保护自己的正当权益。但是受批评则不同，即使是受到错误的批评，使你在情感上、自尊心上，在周围人们心目中受到一定影响，但你处理得好，不仅会得到补偿，甚至会收到更有利的效果。相反，过于追求弄清是非曲直，反而会使人们感到你心胸狭窄，经不起任何误解，人们对你只能戒备三分了。

没有人会无缘无故发脾气、批评别人，领导之所以批评你，自然是你犯了某种错误。而要处理得好，你就要坦诚接受领导的批评。

1. 搞清楚领导批评你什么

领导批评或训斥部下，有时是发现了问题，促进纠正；有时是出于调整关系的需要，告诉被批评者不要太自以为是，别把事情看得太简单；有时是与部下保持或拉开一定的距离，突出自己的威信和尊严；有时是为了"杀一儆百"，不该受批评的人受了批评，代人受过；等等。总之，搞清楚了领导批评你的原因，你便能把握情况，从容应对。

2. 虚心接受领导的批评

受到领导的批评时，最需要表现出诚恳的态度，显示出你从批评中确实学到了什么，明白了什么道理。正确的批评有助于你明白事理，改过自新，并以此为戒；错误的批评也有可接受的出发点。因此，批评的对与错本身并无太大的关系，关键是对你的影响如何。你处理得好，会成为有利的因素，会成为你前进的动力。如果你不服气、发牢骚，那么你的这种态度很有可能引发负效应，使你和领导的感情距离拉大。当领导认为你是"批评不起""批评不得"时，也就产生了"用不起""提拔不得"的反感情绪。所以，正确看待领导的批评，受到批评不是坏事，通过受批评的过程，你才能更了解领导。接受批评能体现你对领导的尊重，而这正可以作为和领导拉近距离的途径。

3. 不能对领导的批评表现得不在乎

最让上级恼火的，就是他的话被你当成了"耳旁风"。很少有领导把批评、责训别人当成自己的嗜好。既然批评，尤其是训斥容易伤和气，因而他也是要谨慎行事的。而一旦批评了别人，就又产生了一个权威、尊严问题。而如果你对批评置若罔闻，我行我素，这种效果也许比当面顶撞更糟。因为，你的眼里没有领导。

4. 不要把批评看得过重

不要认为领导的一次批评就觉得自己一切都完了，从此一蹶不振，这样会让领导看不起。如果你把每次的批评都看得太重，甚至耿耿于怀，总是不服气地在心里较劲，那么领导以后可能再不会批评你什么了，因为他不会再信任和重用你了。

尊重和维护，做受领导欢迎的人

上下级的交往和相处是社交中很重要的部分。作为下级，不仅要服从上司的管理和调遣，还要注意学会与上司融洽相处。

1. 精明强干，才会得到领导的器重

领导一般都很赏识聪明、机灵、有头脑、有创造性的下属，这样的人往往能出色地完成任务。有能力做好本职工作是使领导满意的前提。一旦被人认为是无能无识之辈，既愚蠢又懒惰，便很危险了。

2. 向领导请教，才意味着"孺子可教"

在与领导的相处中，谦逊还是相当重要的。谦逊意味着你有自知之明，懂得尊重他人，有向领导请教学习的意向，这意味着"孺子可教"。谦逊可以让你得到更多人的支持，帮助你更好地成就事业。

3. 关键时刻，要为领导挺身而出

在关键时刻，领导才会真切地认识与了解下属。人生难得机遇，不要错过表现自己的好机会。当某项工作陷入困境时，你若能大显身手，定会让领导格外器重你。当领导本人在思想、感情或生活上出现矛盾时，你若能妙语劝慰，也会令其格外感激。此时，切忌变成一块木头，呆头呆脑、冷漠无能、畏首畏尾、胆怯懦弱。这样，领导便会认为你是一个无知无识、无情无能的平庸之辈。

4. 在领导面前不要计较个人得失

大多数领导也比较注重考虑下属的利益要求，但是若过于注意金钱物质利益之争，也并非对你有利。如果你喋喋不休地向领导提出物质利益要求，而这些超过了他的心理承受能力，在感情上，他就会觉得压抑、烦躁。如果"利益"是你"争"来的，领导虽作了让步，但并不愉快，心理上会认为你是个"格调"较低的人。

最好的办法是让领导主动地给，而不是你去"争"。你的工作干得漂亮一些，尽最大能力满足他的要求，并且有些特色，有所创造。明白的领导会量力而行，自然会用物质利益奖励你的，无须你去"争"。

5. 与领导交谈时，不可锋芒毕露

君子藏器于身，待时而动。你的聪明才智需要得到领导的赏识，但在他面前故意显示自己，则不免有做作之嫌。领导会因此而认为其是一个自大狂，恃才傲慢，盛气凌人，而在心理上觉得难以相处，彼此间缺乏一种默契。与领导交往，可寻找自然、活泼的话题，让领导充分地发表意见，你适当地作些补充，提一些问题。这样，他便知道你是有知识、有见解的，自然而然地认识了你的能力和价值。不要用领导不懂的技术性较强的术语与他交谈。这样，他会觉得你是故意难为他；也可能觉得你的才干对他的职务将构成威胁，并产生戒备，而有意压制你；还可能会把你看成书呆子，认为你缺乏实际经验而不信任你。

6. 体会领导处境，理解领导难处

角色换位法，有助于体会领导的心境。有些人单位工作做得很好，当了领导却一筹莫展，尤其苦于处理各种关系。因此，要主动地帮助他分忧解难。在其犹豫不决、举棋不定时，主动表示理解和同情，并诚恳地作出自己的努力，减轻领导的负担，这会令他极为高兴。

7. 不要当面顶撞领导

受到领导批评时，当面顶撞是最愚蠢的。申辩的方式有很多种，如动情法、比喻法等。

8. 慎重对待领导的失误

领导在工作中出现失误，千万不要持幸灾乐祸或冷眼旁观的态度，这会令他极为寒心。能担责任就担责任，不能担责任可帮他分析原因，为其开脱。此外，还要帮他总结教训，多加劝慰，持指责、嘲讽的态度更易把关系搞僵，矛盾激化。那样，你就不要再指望领导喜欢你了。

9. 把功劳让给领导

中国人在讲自己的成绩时，往往会先说一段套话：成绩的取得，是领导和同志们帮助的结果。这种套话虽然乏味得很，却有很大的妙用：显得你谦虚谨慎，从而减少他人的忌恨。

好的东西，每一个人都喜欢；越是好的东西，越是舍不得给别人，这是人之常情。要是你有远大的抱负，就不要斤斤计较成绩的取得，而应大大方方地把功劳让给你身边的人，特别是让给你的领导。这样，做了一件事，你感到喜悦，领导脸上也光彩。以后，领导少不了再给你更多的建功立业的机会。否则，如果只会打眼前的算盘，急功近利，则会得罪身边的人，将来一定会吃亏。

10. 不可张扬你对领导的善事

对领导让功一事绝不可到处宣传，如果你不能做到这一点，倒不如不让功。对于让功的事，让功者本人是不适合宣传的，自我宣传总有些邀功请赏、不尊重领导的味道，千万使不得。宣传你让功的事，只能由被让者来宣传。虽然这样做有点埋没了你的才华，但你的同事和领导总有一天会设法还给你这笔人情债，给你一份奖励。因此，做善事就要做到底，不要让人觉得你让功是虚伪的。

Chapter 11
用聪明的方式沟通变化的世界

礼尚往来：送礼送心意，沟通有创意

人们送礼通常是为了增进彼此感情，促进交际的和谐发展。一件小小的礼物，就会赢得恋人的芳心，令父母欢心，讨上司欢喜，受朋友欢迎，可见礼物功不可没。

礼物虽小，却能反映出送礼人的心意和用意，同时也代表送礼人的眼光和品位。

送礼首先要看对象。一个人所赠送的礼物不仅代表本人的眼光和品位，还要迎合对方的喜好。比如，在生活中比较注重现实的人，所赠送别人的礼物也非常实际。他们选择的礼物通常是实用型、经济型的，而不会考虑礼物的包装和品牌。这种人常用自己的眼光去选择礼物，而忽视对方对礼物的喜好。所以，他们送出的礼物往往令对方陷入尴尬的境地，因为对方可能是个唯美主义者或喜欢浪漫情调的人，太实用的礼物看上去也许不太适合。

喜欢送浪漫型礼物的人，通常会获得异性的芳心。但这种浪漫的激情通常会很短暂，而所送的礼物也只不过是赢得对方当时的欢喜罢了，实用性不大，所以浪漫型礼物多具有象征意义，不太有使用价值。

有的送礼者不会根据对方的心理来选择礼物。他们认为，高档的礼品才能体现出礼物的价值和自己的诚意。所以，这种人不管礼物是新潮还是已经淘汰，不管是否有品位，只要价钱够高，就算上品。由此可见，喜欢送奢侈礼物的人想用自己的阔绰行为来赢得受礼人的欢心。然而，受礼人在收到这些人的奢侈礼物时，心里可能会想，把这个奢侈礼物换回多种同价值的礼品会更实惠。

还有的人喜欢自制礼物送给别人，比如亲手织件毛衣送给心上人。花费时间和精力制作特别的礼物，对这些人来说是一件别有情趣的事，而礼物的寓意和价值在他们眼里也变得更加深刻和有意义。此时，礼物已经不单单是一件物品，而是一种特殊的感情语言，传达的是送礼人对对方的深情厚谊。

具体的礼物能反映出送礼人的性格和品位。比如，喜欢送人服饰的人，表示想与对方保持亲密关系，或者表示彼此的关系非同一般。喜欢送人食物的人，希望得到受礼人一家人的喜爱，借助食物来表达自己的关怀和真诚，这种人觉得这样更实际。喜欢拿各地特产当礼品赠送的人，表示送礼人非常注重人际关系，努力想使对方喜欢，这种人不喜欢平凡的事物，想借助独特的送礼品位来赢得对方的重视。

在一般情况下，对于一件得体的礼品，受礼人应当郑重其事地收下。当他人口头宣布有礼相赠时，不管自己在做什么事，都应立即中止，起身站立，面向对方，以便有所准备。在赠送者递上礼品时，要尽可能地用双手去迎接，不要一只手去接礼品，特别是不要单用左手去接礼品。在接受礼品时，勿忘面带微笑，双目注视对方。正式场合下，受礼者应用左手托好礼物（大的礼物可先放下），抽出右手来与对方握手致谢。此外还可以说一些动听的话，感谢送礼人所花费的心血，如"您能想到我太好了。""您竟然还记得我爱收集邮票。"

接受礼物时要注意礼貌，但不要过于推辞，没完没了地说："受之有愧，受之有愧！"这样会伤害送礼者的感情，即使送的礼物不合你意，也应有礼貌地加以感谢。如果实在不能收别人的礼物，要礼貌并委婉地表示拒绝，不要强硬地阻止或呵斥送礼人。

商务送礼不同于平时互赠礼物，有一定的礼仪规矩。送给谁、送什么、怎么送都很有奥妙，绝不能瞎送、胡送、滥送。

1. 礼物轻重得当

一般来说，礼物太轻，又意义不大，很容易让人误解为瞧不起他，尤其是对关系不算亲密的人，更是如此。如果礼太轻而想求别人办的事难度较大，成功的可能几乎为零。但是，礼物太贵重，又会使接受礼物的人有受贿之嫌，特别是对上级、同事更应注意。礼物的轻重选择以对方能够愉快接受为尺度，争取做到少花钱多办事，多花钱办好事。

2. 送礼间隔适宜

送礼的时间间隔也很有讲究，过频、过繁或间隔过长都不合适。送礼者可能手头宽裕，或求助心切，便时常大包小包地送上门去。有人以为这样大方，一定可以博得别人的好感，细想起来，其实不然。因为你以这样的频率送礼，目的性太强。一般来说，以选择重要节日、寿诞送礼为宜，送礼的不显得突兀虚套，受礼的收着也心安理得，两全其美。

3. 了解风俗禁忌

送礼前应了解受礼人的身份、爱好、民族习惯，免得送礼送出麻烦来。送礼时，一定要考虑周全，以免节外生枝。例如，对文化素养高的知识分子若送去一幅蹩脚的书画就很没趣。

4. 礼品要有意义

礼物是感情的载体。任何礼物都表示送礼人的特有心意，或酬谢，或求人，或联络感情等。所以，你选择的礼品必须与你的心意相符，并使受礼者觉得你的礼物非同寻常，备感珍贵。实际上，最好的礼品应该是根据对方兴趣爱好选择的，是富有意义、耐人寻味、品质不凡的礼品。因此，选择礼物时要考虑它的思想性、艺术性、趣味性、纪念性等多方面的因素，力求别出心裁，不落俗套。

5. 礼尚往来，来去平等

礼物不分轻重贵贱，想到、心到、情意到，就是礼物的最好诠释。不要认为自己喜欢的就是最好的礼物，关键是能让对方真正地喜欢和接受。礼尚往来的原则不能忽视，对方施礼你要还礼，对方送礼，同样你也应准备厚礼相待。送礼一般遵循平等的原则，即对方送出的礼物价值和你送给对方的礼物的价值应该均等，上下差距不应该太大。

情有深浅：与朋友沟通的聪明方式

每个人在生活中都需要朋友，而朋友分为许多种。朋友的来源、友情产生的基础不同，有的是自然天成，有的是主动结交而成。在长期的交往中，与朋友情谊的深浅也不同，有的是知心朋友，有的是泛泛之交，有的只是一个特定时期的朋友。对不同层次的朋友，交往的方式就应该各有侧重，投入程度也应该有轻重之分。

人的一生受到朋友的影响相当大，很多人因朋友而成功，也有很多人因朋友而失败。对待不同的朋友应该采取不同的态度，才是合乎常理的。

下面是对待不同的朋友分别应该采取的适宜态度。

1. 对待亲友：礼数周到

这是一种人情味比较浓的人际关系，只有建立在亲切、亲近的常联系的基础上，才能加深彼此的友谊。联系的方式可以比较亲切、自然，注意周到细致的礼数。如果多日不见，又忙得没有时间见面，最简单的方法是通过电话互相问候，询问有无需要帮忙的事情。记住亲友的生日，并及时祝贺，更能体现亲戚间的亲近和关切，还可以搞家族式的聚会。这种聚会既可以使大家感到亲切愉悦、其乐融融，又可交流思想、交换信息。对于长辈亲友（如叔叔、伯伯、舅舅、姨等），最适宜在节日和他们的生日去探望、问候和祝贺，在礼节上要做到无可挑剔。

2. 对待乡友：能帮则帮

每个人都有或轻或重的乡土观念，特别是现在人员流动性强的情况下，同在外地工作的老乡容易因地域特点而结成朋友。乡友之间的特点是容易接近，共同的话题较多。特别是在外地，在人生地不熟，其他圈子的朋友还比较少时，同乡便成了最有力的靠山。因此，对乡友请求帮忙的要求，一般不要拒绝，能帮则帮，尽力而为你帮助了他，他也会寻机报答的。

3. 对待学友：时时相聚

作为学友，友情缔结在纯真、无利害冲突的阶段，基础比较牢固，用不着特别地表现加深友谊的行动。学友之间的友情的突出特点是彼此都认为双方是纯洁的友谊，需要帮助时，直言相告即可。不要因有事相求而先以讨好作为铺垫，这样会被对方认为是亵渎了同学之情。但对待学友，也不能只是有事相求时才想起他，没事时就忘得一干二净。因此，对待学友，特别要注意平时多相聚，并不一定是有事相商，只是在一起轻松地坐一坐，聊聊天，彼此通报一下近况。对外地的学友而言，相聚机会较少，但也要不时通通电话问候一声。

4. 对待挚友：视若亲人

挚友可能产生于亲友、学友、乡友、战友等不同层次中。不管来自于哪个层次，他已经成为你朋友群中的"核心"人物，说明你们之间友情的程度是最深的，因而也是最值得投入的。对这类朋友的态度是无所不谈。你的喜怒哀乐可以得到他的反应，你的困难可以及时得到他的鼎力相助，他是你的第一倾诉对象，也是最值得信赖、依靠的人。因此，对这类朋友，你不能斤斤计较，在对方需要支持时，即使牺牲自己的一些利益也是值得的。对方做得有些不如意的地方，也要宽宏大量一些。世上能与你成为挚友的没有几个，因而要倍加珍惜，视如亲人，不可轻易离去。

5. 对待泛泛之交：若即若离

这种只是普通朋友，不用特别投入，只要能维持双方现既有关系即可。可偶尔邀约聚会，以免中断来往，需要帮忙时也可婉言相求，但别作过高期望。被邀请时尽量赴约，被请求支持时尽量帮助，但不要勉强。如果发现值得深交之人，就"提升"他的"等级"，以相应的投入来加深友情。如发现非善良之辈，则可将所有的关系斩断，不再与之来往，不可顾及太多的情面。

爱如初见：让婚姻幸福的沟通秘诀

婚姻要守住的只是一个信念，无论发生什么，我们都要不离不弃。而真正考虑清楚这个前提，那就没有什么矛盾是不可调和的，其他的只是策略和手段。真正守住了婚姻的信念，也就决定了一切。

恋爱是充满激情和甜蜜的，而婚姻则显得枯燥乏味，我们应该采取有效的沟通方式巩固我们的婚姻，让我们的婚姻永久地甜蜜到老。

以下是让婚姻幸福的 18 个沟通秘诀。

1. 经常谈心

要对对方多一些赞美和关心，少一些批评和抱怨；要彼此保持愉快的语调；要温柔善意地只说那些有益的字眼，每天都能够坦诚地交流。这些是最重要、最能表示关爱的形式。

2. 多在一起散步

尽量每天都能抽点时间一块散散步，这样既可锻炼身体，又可以交流感情、放松情绪，何乐而不为。

3. 一起做一些新鲜有趣的事情

比如说去一家新餐馆，吃一道风味不同的菜；一起去听一场音乐会，度一个独特的假期；一起参加个学习班，学些你们两个都打算并盼望去学的东西，等等。

4. 经常互送礼物

礼物是女人的最爱，时不时地给妻子买份小礼物，会让她贴切地感受到你对她的关爱，把妻子哄高兴了，一切就都好说了。

5. 写爱情便笺

把这些便笺藏在家中的各个角落的衣服、口袋、厨房或抽屉里，以及一些秘密的地方，运用你的想象力去制造惊喜。

6. 拥有并保持理想的形象

装扮得要得体、整洁、干净，要对你的外表感到自豪。你看上去，尤其是在公共场合看上去如何，也会影响你爱人的外在感染力。保持健康的、吸引人的形象对保持良好的夫妻关系有很大的促进作用。

7. 尊重对方的选择权

他（她）有权决定自己的现实和命运，尊重他（她）的选择。你们都可以按照自己的方式去生活，尊重各自的相异点。

8. 共同成长

以相同的速度和方向成长——通过分享近似的观念、参加共同活动的方式。当你们的成长是建立在愉快记忆的基础上时，你们的关系会更亲密。

9. 珍惜共度的时光

珍惜你们在一起的时光，你们便能更加欣赏对方，一起花时间去做所有那些你们俩都喜欢做的事情吧。

10. 开放

对于新的观念、新的经历、新的社会关系要开放些，这是你在生活中寻求欢乐、获得成长、拓展交际面的方法。你们在一起学得越多，你们就会越快乐。

11. 宽容

完全接受对方，确切地说，要接受对方的性格、习惯、脾气。不要试图改变对方的独特之处。如果当他（她）想要改变时，允许他（她）改变，这能促进持久的和睦。

12. 让笑容与笑声常伴

对你自己和你的爱人不要太严肃，更多地面带微笑和开怀大笑。记住，你们的微笑是给予彼此最好的礼物。

13. 经常相互凝视

你能在你爱人的眼睛里看到爱情、忠诚和美丽。你们含情脉脉地凝视对方越多，你们爱得也就越深，这个方法既有效力，又有乐趣！

14. 每天相互温柔地触摸

拥抱、亲吻,这些都是表现爱与关怀的极好方式。我们都需要这些——比我们愿意承认的还要需要!

15. 保持健康的生活方式

良好的生活方式能够有助于保持良好的心情。多喝水,多吃水果、蔬菜、谷物、高维生素、低脂肪、低热量的食品,养成良好的作息习惯,经常性地锻炼身体。

16. 保持家庭整洁有序

这有助于创造一个安宁舒适的环境,使家庭生活更加和睦、幸福。这真的很有效果,着手做吧——现在就开始。

17. 处理好家庭财政问题

学会共同理财,既要过得舒适而不奢侈,同时也要让家庭的小金库每月都能有点增加。

18. 不要吝啬说"我爱你"

这是让婚姻更加甜蜜的最简单而又最实用的方式之一。

亲子沟通:培养了不起的孩子

父母的语言是孩子成长的营养。积极鼓励性的语言对孩子的身心健康起着有益的作用,而责备、批评甚至带有贬低意味的语言会给孩子的心理造成不利的影响,甚至会让孩子产生逆反心理。"知心姐姐"卢勤说:"孩子你说他行,他就行;你说他不行,他就不行。你为他喝彩,他会给你一个又一个惊喜;你说他不如别人,他会用行动证明他真的很笨。"人们都喜欢听表扬，不喜欢被斥责，孩子也是如此。

有的家长可能会认为，只有严加管教的孩子才能成大器，否则便是放任自流之举。孩子在家每天所听到的都是"不许淘气""不许晚回来""不许看电视""不许乱花钱"……这种家庭教育是由一连串的"不许"组成的，家长担起了警察的职责，甚至限制了孩子的"人身自由"。家长们此时可能会以自己的孩子很听话而引以为豪，却不知在他们幼小的心灵里已经滋生了逆反的心理。

除了对孩子有着太多的"不许"禁令外，"应该""必须"也是许多家长惯用的词。家长们强调的只是自己的主观愿望，完全忽视了孩子的客观存在，用一种强硬的态度让孩子进入某种规定的状态，并按他们的设计"修剪"孩子。其结果，孩子常常陷入不知所措之中，极大地影响了孩子思维的发展。

在家庭教育中，挑剔词比激励词的用量往往多好几倍。许多家长教育孩子的心理有些错位，不是用赏识的目光去看待孩子的优点，而是用挑剔的眼光找孩子的毛病。最可怕的是用别人家孩子的长处，去比较自己的孩子的短处，越比较越觉得自己的孩子不如别人家的孩子。比如，有的家长常常对孩子说："你看人家……"许多家长几乎是不停地去发现孩子身上的缺点，并及时拉出来进行施教，以为只有把孩子的缺点说出来才能使孩子获得帮助和改变。基于这样一种教育思想，大多数家长对孩子使用各种挑剔的语言时毫不犹豫、绝不心软。其中最常用的有"太笨""不成""太差劲"等。这些消极词强化了孩子的弱点，最终是让孩子以否定的态度对待自己，对自己失去信心。

孩子的心灵像干涸的小苗，渴望被肯定，渴望得到积极的评价。所以，每位家长都可以选择一种适宜的沟通方式。

1. 对孩子说"把自信找回来"

父母要相信孩子。每个孩子都有巨大的心理潜能，关键是你能不能把它开发出来。美国教育家把教育子女的全部奥秘归结为四个字——信任孩子。当然，孩子的消极想法并非一两句话就能立刻消除的，父母们要寻找有效的方法帮助孩子重建自信。

2. 对孩子说"你真棒，你能行"

有的孩子常常说"我不行"。这种意识有两个来源：一是源于自我，叫做自我意识；二是源于他人，叫做外来意识。有些家长总觉得自己的孩子不行。一位男生说："我想学游泳，我妈妈说，'你不行，你从小体弱，下水会淹着的！'我想学炒菜，我妈妈又说，'你不行，会烫着手的！'我想学骑车，我妈妈说，'你不行，会摔着的'……不行，不行，我什么时候才能行？"这位妈妈看上去是十分爱护孩子，实际上是在害孩子。要是总对孩子说"你不行"，慢慢地，孩子就会觉得自己真的什么都不行了。"我不行"在孩子的头脑中一旦扎下根了，孩子就会对做任何事都没有信心，会觉得离开了父母和老师寸步难行。所以，首先只有父母相信孩子能行，孩子才能觉得自己能行。

比如，孩子参加各种比赛，之前家长要鼓励他说："爸爸妈妈相信你一定能行！"如果孩子输了，哪怕是最后一名，家长也要鼓励他说："敢去参加比赛就是好样的！"家长应该让孩子赢得起，也输得起，帮助孩子提高承受挫折的能力。

"哈佛女孩"刘亦婷等例子，无不证明鼓励和赞美在培养孩子中有着巨大的作用。西方国家的家长从不吝啬对孩子说"你很了不起""你真棒""你能行"等赞美之语，其目的就是使孩子获得成就感，增强自信心。

3. 对孩子说"自己的事情自己作决定""试着自己解决这个问题"

父母要有意识地培养孩子自我服务的能力。当孩子一味想让你帮忙的时候,要对孩子说"自己的事情自己做,自己的事情自己决定"诸如这样的话语。

当孩子提问时,父母可以先问孩子说:"你觉得呢?""你认为呢?""为什么呀?"等等,以此来引导孩子先思考,再自行寻找答案。这样的方式可以加强孩子的逻辑思维能力。

4. 对孩子说"孩子,你的进步很大,我为你感到高兴"

当孩子拿着分数很低的试卷回家,父母首先应该表示对孩子的理解。父母要告诉孩子:"分数并不是最重要的,重要的是你真正努力了。"这才是恰当的教育方法。

面对孩子的问题,父母要心平气和地与孩子探讨产生的原因,提出严格的要求和建设性的意见和方法。父母应允许孩子有尝试改进的时间,这样孩子就有被信任、被重视和被关爱的感觉。

5. 对孩子说"孩子,抬起你的头"

作为家长,要经常分析并肯定孩子的进步和成绩,使他们的自尊心不断得到证实。父母要禁止孩子说自己"笨"、没出息、没信心等,要鼓励孩子以最充足的信心、最饱满的精神、最高昂的斗志,全力以赴,战胜困难。

6. 对孩子说"告诉自己,我能做到"

父母要经常用激励性的评价来肯定孩子的每一点成功与进步,通过语言或表情等方式给予心理暗示,对孩子说"告诉自己,我能做到"等激励性的话,让孩子相信经过自己的努力,一定能实现自己的奋斗目标。

父母要教会孩子正视自己的弱点和缺陷。等孩子心情较好的时候,可帮助孩子找到改正的办法,比如,对孩子说:"同学们笑你说话结巴,那么我们尝试去寻找一些改善的办法吧。每当你要表达自己的想法时，不要激动和紧张，慢慢把话说清楚。"

7. 永远给孩子正能量

"你真棒"这样的肯定语言，是孩子成长的正信息、正能量；"你真笨"这样的否定语言，是孩子成长的负信息、负能量。为了让孩子能够健康、快乐地成长，请用欣赏的眼光看待他，用积极的语言评价他，用理解的话语安慰他，用自信的话语鼓励他。

异性沟通：勇敢大胆有讲究

在社会生活中，与异性谈话是一个微妙而复杂的问题。东方人在其传统文化的影响下，所表现出的行为比较含蓄。情感着重内在的体会，而不善于言词的表达。而西方人的行为则显得比较外向、开放、大胆，在语言的运用上也比较热烈、直接与外露。但是，人类本身从某种角度上讲，异性之间的交谈毕竟还是有一些共同特点的。

与异性讲话，不同于与恋人和夫妻之间的讲话。由于性别的敏感性，在与异性讲话时，人们特别容易感到性别的差异，因而自觉或不自觉地抑制自己的情感，从而影响自己的口才和讲话能力。

比如，在讲话时，异性之间会故意回避有关性的话题，很少使用与性有关的字眼，甚至有关性、爱情的学术讨论都难以开展。有的人在与异性讲话时就很不自然，心情十分紧张。如果不讲究讲话技巧和艺术，就很难收到预期的效果。

下面介绍几种非常有效的与异性交谈的方法。

1. 投其所好

很多人在异性面前只注意谈他们自己感兴趣的事情，而这些事情也许是人家感觉非常无趣而无聊的。这样的谈话肯定不会有好的效果。如果把这方法反过来应用，你去引导别人谈他所感兴趣的事情，例如，关于他的专长、成就，等等。这样做，即使你的谈话不多，也会给人家一种亲切的印象。例如，我的朋友蒙子在中秋节来临时，乘车回去与家人团聚，碰巧和一个"她"坐在同一排座椅。而他不久便发现了身旁那道新的风景：身材苗条动人，一双大眼睛充满灵气。于是蒙子在心里悄悄地对自己说："噢，要是能认识她该多好啊！"但该怎样认识呢？后来他见到"她"面前放着一本《文学词典》。他灵机一动，开口问道："嗨，小姐，你带着一本《文学词典》，想必也是一个文学爱好者啰？"就这样，由他那句话作引子，他们从鲁迅、胡适谈到三毛、王蒙；从唐诗宋词谈到朦胧诗小散文……谈到终点站时，两人就已经成了朋友。

2. 没话找话

现实生活中有时会出现这样的情况：当你跟自己想与之交谈的异性交谈时，他或她却要拒你于千里之外或实行逃避主义。这时你该如何对付呢？最好是找个美丽的借口使其愿意与你继续交谈。据说国外有这样一个故事。一位漂亮小姐坐在火车上，乘客寥寥无几。未过多久，上来了一位男士。他环视车厢后，发现只有那位小姐孤零零地坐着，就准备坐在这位小姐身边。小姐向车内看了看，发现还有许多空位，于是抬头看他，说："为什么你偏偏选择这个位置呢……""因为我经常坐在这个位置，这里是能得到幸运的位置。"她拿出行李站起来，说："原来是这样，那么请坐吧。我可以到别的空位去。"等她换了另一个位置后，那位男士也随着跟了过来。"嗨，你怎么离开你的幸运位置了？""因为我已经抓住了幸运，所以，我决定抓住不放。"那位小姐听了这样的诡辩，一下子笑了，说："你这人真够幽默。""这就是我的风格呀……"就这样，双方的话题一下子打开了。

3. 赞美鼓励

人是喜欢被称赞的，无论 6 岁还是 60 岁的人都一样。与异性说话时，用赞美来鼓励，可以提起他的自尊心，这样就比较容易打开其话匣子。这个方法同样适用于你的部属或同学、丈夫或太太，以及你所打交道的一切熟人和陌生人。

4. 谈论趣事

聪明的人，在与异性谈话时恰到好处地选择那些生活中的趣事做话题，既可以消除彼此间的距离，也容易产生共鸣，增加亲切感。比如选择一些比较轻松、大众化的话题：影视圈里的绯闻轶事，音乐界里的排行夺魁，校园生活的诗情画意，等等。

有一次，家里来客，是妻子智君的两位女同学。妻子在厨房做菜，由丈夫陪聊。毕竟是第一次见面，他们免不了忸怩起来。丈夫赶紧调侃道："早就听智君讲，两位大小姐的烹调手艺很够品位的，今儿个你俩就给智君搞个技术鉴定，免得她竖着尾巴招摇过市，我很没面子的哦！"两位小姐抢着自谦起来："哪里呀，对烹调我们都没有研究，只是一些雕虫小技，远比不上智君姐的手艺地道，哪日先生赏光，我们献献丑哇！"丈夫一席话，很快消除了彼此的生疏感，双方的交谈很快进入佳境。

5. 随机应变

和异性交谈，要比和同性谈话加倍地留心才是。因为你对他（她）所知甚少，加之性别的缘故，彼此之间的话题就显得特别谨慎敏感，所以你不得不重视任何可以得到的线索和暗示，随机应变地调整你的语言。

炜正暗恋着公关小姐玲。一日，他带客人到大酒店"宿营"，顺便找到玲联络感情。可是玲以往见到他时的满面春风已无影无踪，迎接他的是神情倦怠、忧悒寡欢。炜不明真情，不敢造次，只好用"大众情话"开玩笑道："嗨！大小姐依然阳光灿烂，真是一天一个崭新样呀！""唉，什么灿烂啦！崭新啦！生活还是做圆周运动。"玲沉默片刻后，无精打采地敷衍着炜。

"是呀，生活是在做圆周运动，可我们作为圆周运动上的一个分子，每天都在发展自己呀！瞧你，昨天春光明媚活泼浪漫，今天秋色深沉睿智练达，处变不惊。佩服！佩服！"

"佩服什么呀，你别美化我啦，我正为无故遭到总经理训示，好生难过哩……"显然，玲被炜的细心体贴所感动，终于敞开心扉与炜畅谈起来。

6. 善用激将

与异性交谈，有时会遇到特别矜持的异性（女性居多）。当男子先与她说话的时候，她像惜语如金似的仅用"是"或"不是"作答。无论你如何发问，她总是简单作答。对于这种性格的异性，你就要锲而不舍，耐着性子继续进攻。你要相信，时间能慢慢地使陌生人变得亲切起来，甚至引出她最有兴趣的话题，逐步改变"话不投机"的局面。

阿祥因写一篇市场调查报告，需要找微机操作员文姝小姐查看有关资料。可看见文小姐那满脸修女神情，阿祥就开始心虚发慌了。稍定后，阿祥与她攀谈起来："文小姐每天倒挺忙的啊！""对！""你操作微机如此熟练，有些资历了吧？""不长！"……几个回合下来，文姝不但始终斩钉截铁般吝啬作答，而且脸上神情一直未变。于是阿祥转变谈话策略，"听办公室主任讲，我们单位有两位天使最驰名，你猜是谁？""不知道！"文姝依然简单作答。

"好，我告诉你。一个是公关天使阿凤，另一个就是小姐你呀！"阿祥放慢谈话速度说。"他们叫我什么天使？"阿祥见文姝的玉容终于活跃起来，故意顿了顿，说：

"叫你冷艳天使啊！"

"简直胡说八道，阿祥，你看我像那么冷的人吗？其实……"

文姝的话匣子终于被打开了。

面对名人：用好沟通三要素

在一般人看来，与名人交谈是生活中不可避免但又令人发怵的事情。其实，只要你了解"名人也是人"这样一种心理基调并掌握几种恰当而有效的交谈辞令，根据名人的具体情况与当时的情境有所选择地发挥你的口才，一样能达到正常沟通和交流的目的。

与名人沟通有三个要素：谈名人最感兴趣的话题；赞美名人最得意之处；对名人表示尊重和关注。

1. 表示你的尊重

人人都渴望得到尊重。而对尊重的渴望，一向在社会中得宠的名人更迫切、更强烈。因此，在与名人打交道时，准确而真诚地表达你对名人的尊重是交际谈话成功最关键的一步。

一位酒店经理所在的酒店接待了一个著名的艺术团体，其中有不少是国内著名的艺术家。经理在致辞中热情洋溢地说："世界上有两种富翁：一种是物质的富翁，一种是精神的富翁。而今天来到我们酒店的诸位艺术家就是精神的富翁，你们拥有不能用金钱物质来计算的精神财富。同是有良知的人们，不一定为物质的富翁鼓掌，但一定为造诣深厚的艺术家们鼓掌，这掌声就是你们的价值。我非常倾慕你们的富有，倾心于你们的价值，假如来世我再投生，我愿走进你们的行列，做一名光荣的艺术家……"全体艺术团员们对酒店经理这段情真意切的致辞报以长久的雷鸣般的掌声。艺术团团长激动地紧握经理的手，连声感谢这一番激动人心的鼓励，最后引用了诗句"世间确有真情在，人海茫茫有知音"。

这个经理以真诚的话语表达了对艺术家的尊重，而且蕴含着深刻的哲理，难怪会使艺术家们对他刮目相看。

2. 表达你的赞美

这种赞美应是发自内心的，它同样源于你对名人的尊重。表达赞美就是在表示了尊重的前提下对名人某一方面的突出、杰出或特别的贡献或成就加以夸赞，使名人对你顿生好感。

有一个大学讲师想请北京某文化名人为自己一本即将出版的书题写书名。得知来访者的意思后，这位一贯以幽默著称的名人笑着说："是题字啊，可以，不过，现在讲究经济效益，请我题字是不是应该付点钱啊！便宜一点儿吧，300元一个字，怎么样？"这虽然是开玩笑，但年轻的讲师也听出了这位名人似乎对常有人打他的手迹的主意有些抱怨之意。于是，她说："××先生，您这话可只说对了一半哟。要得到您的墨宝，理当付钱。可是，您的字何止值300元一个呢？比如说，我想要一件价值300元的衣服，这家商店买不着，还可以到别的商店去买呀，可您的墨宝只可能出自您的手，天底下别无他处可寻呐。那么，在我看来，您的哪个字都真正的是无价之宝啊。我付多少报酬恐怕也不够呢！"几句话说得这位早已听惯了恭维之辞的知名人士竟觉得"别有一番滋味儿"，遂"欣然命笔"。

3. 表达你对名人从事职业（专业）的兴趣

这实际上就是谈名人最感兴趣的话题，谈名人最喜欢谈的话题，谈名人最能发挥出色的话题，从而使名人乐意与你交谈，进而增进了解，达到你的交谈目的。

一位青年教师在一次语言学术研讨会上见到了著名语言学家张志公先生。由于张老年事已高，加之旅途劳顿，会议主持者告诉其他人不要打扰张老休息。但这个教师非常渴望见到他景仰已久的前辈。于是，这个教师在会间休息的空隙不失时机地先介绍自己，然后说："张老，不论在语言学还是年龄上，我都是您的晚辈，今天相见是我盼望已久的。我在上大学时就拜读过您的几本著作，我的毕业论文就是论述您与语言学研究方面的，后在一家学报发表了，请您多多加以指教。（递过剪贴卡）张老，我对语言学研究入了迷，这次会上我也带了篇论文，想请您指教。如果可能，还想麻烦张老与大会主持说一下，让我在会上交流一下，只要十分钟！您德高望重，肯定能行的！"张志公听后，很愉快地答应了青年教师的要求。可见，谈名人最感兴趣的话题，再转以对他们的崇敬与尊重，能很有效地打动名人的心。

4. 当你遇见的名人声望日趋下降时

当你遇见一位曾名噪一时而现在已不再引人注目的人物时，你通常要三思而后行。人们很想得知年岁较大的政治家、演员和运动员，面对事业上、政治上的黄金时代即将过去这一事实有何感触，但又不愿为了获得这些消息而刺伤对方的自尊心。最好的办法是用风趣活泼的三言两语扫除跟名人初次交谈时的拘束感和防卫心理，以活跃气氛增添对方的交谈兴致，这是炉火纯青的交际和沟通艺术。